Money錢

學會走圖

讓技術分析養我一輩子

SOP

走圖小天后

林 穎 —— 著

第 3 章
走圖練習 SOP 提升技術分析功力

第 4 章
實戰演練 抓對多頭 買在起漲點

第 5 章
實戰演練 預判空頭 賣在起跌點

走圖練習
股票初學者最佳武器

走圖千遍不厭倦，圖中自有顏如玉，圖中自有黃金屋。林穎老師這本《學會走圖SOP 讓技術分析養我一輩子》走圖練功大作，為股市中茫茫大眾的散戶，找到一條通往成功的大道，也是成功的唯一必經之路。

如同圍棋比賽結束之後的重新覆盤，或是用設計好的程式軟體回溯檢驗績效一樣，走圖就是把一檔曾經多空行情都發生過的股票，重新由趨勢開始買進，買進後一根K線、一根K線（後面行情遮蔽看不到）去研判次日可能的變化，再用自訂的操作SOP決定是否要執行進出動作，一直走到最終趨勢反轉，再檢視交易的成效如何。

在走圖過程中會遭遇到股票交易的各種狀況，能藉此累積

各種經驗，整體來說，走圖可以增進下列的功能：

①**訓練操盤狀況**：學習股票專業知識並不難，認真用功學習，大概6個月可以學完，學會後要能夠學以致用，就要經過市場的歷練，後面成敗的關鍵就是操作。走圖訓練可以不用投入資金，訓練看懂圖形走勢方向的能力，能夠研判次日走勢，以及每天的K線、均線、趨勢線、成交量能訓練等綜合應用。

②**找到自己的盲點**：在走圖過程中，一定會碰到平常操作時的盲點，例如進場後跌破停損的那根K線是否要停損，如果不執行停損，後續就會碰到連續下跌的慘況，多走許多圖之後，就能體會出停損的重要。

③**建立自己操作的模式**：在走圖中可以先寫做短線的SOP，然後依據SOP走圖進出，也可以先寫做長線的SOP，然後依據SOP走圖進出，經過比較就能知道短線與長線的區別，找出最適合自己的操作模式。

④**一定要堅持到底**：走圖練習重點是要長期累積夠多的圖，包含多頭趨勢做多、空頭趨勢做空、短線圖、長線圖。剛開始走1張圖，恐怕要花費不少時間，只要堅持不斷地走圖練習，最終方能領悟走勢漲漲跌跌的規律，掌握到每個漲跌關鍵，自然就能輕鬆獲利。

讀者經由本書的導引、範例的說明，學會走圖的方式，接下來就要自己多加練習，這是初學股票操作的最佳方法——在過往的技術圖中學經驗，比起自己投入資金買股票去累積經驗，絕對更加快速有效。

K線之神

技術分析圖上 每一根 K 棒都是錢

「如果你想讓人生充滿驚喜，試著減少用過往的經驗思考未來！」當我開始要為人生第一本書寫自序的時候，突然在網路上看到這一句話，當下心頭不禁揪了一下，這真的很神奇，因為這就是我的思考邏輯。

我們都知道要改變別人的想法很難，想達到目的最好的辦法就是改變自己，所以，我改了。我試著減少用過去20年金融從業人員的經驗，來看待投資股票這件事，於是我從不相信技術分析、認為技術分析就是看圖說故事、認為大家都學會技術分析不就大家都賺到大錢……變成只相信技術分析圖，所有的趨勢研判、股價方向都在技術分析圖上找答案。

我甚至還在技術分析圖上記錄每個歷史金融事件發生前

後的股價走勢，藉此來判斷後續可能的發展，透過這個方法練習，每當歷史重演時，我都能做出正確的判斷。

這真的令人太驚喜了！我迷上了技術分析、迷上走圖了！

走圖不是我自創的，而是朱家泓老師早期在培養儲備助教時的實戰演練課程。很幸運的，當初還是菜鳥的我，可以在旁邊跟著學習，時間一久，到最後只剩下我還在走圖。原因沒有別的，因為走圖已成為我的操盤定心丸，每當我看到技術分析圖上出現一根關鍵K棒，腦中馬上就反射出走圖SOP的條件，可以果斷決定是否進場或出場。我常常開心地說：「這就是如行雲流水般順暢的操作技巧。」

我不是一個聰明的人，沒有辦法一點就通，所以我學會的一整套技術分析課程，絕對是完整、有邏輯可循的，重要的是，學會之後可以靠自己在股市中穩定獲利。

其實我是一個固執的人，願意追隨的領導人絕對是具有風範、具有心胸氣度，同時又能換位思考的人，所以我真心感謝我的恩師朱家泓老師，他就是這樣的一位智者，讓我汗顏、不敢怠惰，這也是朱老師的學習精神，他是軍校畢業的高階軍官，竟然可以把技術分析研究到如此透澈，重要的是深入淺出，能讓所有人都聽得懂。即使到現在他還是一樣，每天研究、每天操盤，每天想出新點子。

最後要感謝我的父母，經常協助我處理家中瑣事，感謝我的先生體諒我經常不在家陪伴，也感謝我的女兒體諒即使媽媽在家，也都是坐在書桌前面看技術線圖，有一天她跑來書桌前問我：「妳到底都在看什麼？」當下我看著女兒，不假思索地指著技術分析圖上的K棒，認真地跟她說：「這每一根棒棒，都是錢！」

真的，技術分析圖上每一根K棒都是錢，走圖練習圖就是股市尋寶圖，我期待每一個人都能學會看懂這張尋寶圖，大家一起來尋寶。

分享一句朱家泓老師在課程中說過的一句話：「傳統工作中，師傅很怕把徒弟教會，因為師父怕飯碗被搶了；但我不怕把你們教會，因為你賺的不是我的錢，而是市場的錢，所以我會認真教。」

這是真的！學會走圖SOP，就能讓技術分析養你一輩子！

走圖小天后　林穎

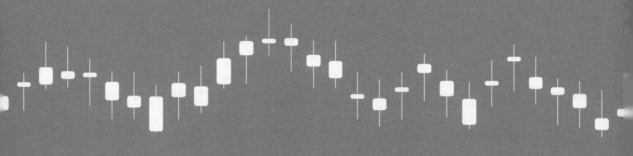

第 1 章

股市如棋盤
運用走圖解讀行情

1-1

學會技術分析
揭曉賠錢謎底

在2022年3月的產業分析新聞中，出現一則標題：
「600元以下的台積電，閉著眼睛買」，同時間外資一
邊調高台積電（2330）目標價，一邊連續賣超台積電近30
萬張，使股價跌到7個月低點。而台積電的基本面不僅沒有
惡化，2022年4月公布3月營收，金額更創歷史次高達1,719
億元。

這段期間，我搜尋集保資料顯示，2022年3月1日，當
台積電跌破600元後，進場買台積電的股東已超過20萬人，
總股東人數快速增加至115萬人，超越同期中鋼的106萬餘
人，成為台灣股東人數最多的上市公司。

　　從技術分析圖（圖 1-1-1）上可以觀察到，3 月 1 日到 3 月 15 日台積電股價跌破 600 元後，最低點來到 555 元，成交量確實大幅增加，後續股價出現大量止跌訊號後一度快速反彈至 602 元，但接著又一路下跌。

　　然而，台積電後續每個月的營收皆較上個月增長，股價卻一路下跌，這究竟是怎麼一回事？公司賺錢跟股票漲跌竟不是同一件事？其實這就是所謂的「財報陷阱」。

🗠 從線圖看趨勢 避開財報陷阱

　　公司會賺錢來自於產業競爭力、財務能力等相當多的因素，股票價格漲跌則來自於供需，如果需求力道大於供給，則股價容易上漲；相反的，若供給力道大於需求，股價就容易下跌，這在技術分析圖上可以很明確地研判出來。

　　台積電自 2022 年 2 月底跌破季線後，進入中期空頭格局，這期間雖然在 5 月 31 日出現短線多頭趨勢，但上漲遇到季線壓力後，隨即又再下跌，把多頭趨勢的底部給跌破了，因此股價續跌。

　　由圖 1-1-1 可以清楚看到，2022 年當台積電公告 4 月營收創新高的當下，股價已經是呈現空頭趨勢了。關於空頭趨勢

圖 1-1-1　從技術線圖看 台積電呈空頭趨勢

資料來源：XQ 全球贏家

① 空頭確認。

② 股價跌至 600 元，成交量明顯增加，同期間外資持續大量賣超，散戶融資
金額卻不斷增加。

③ 股價反彈至 602 元後再度跌破 600 元關卡，支撐變成壓力。

④ 即使在 5 月打底完成，股價上漲，但遇到向下季線，還是有壓力。

⑤ 跌破多頭底部，股價再跌一波。

的操作策略，就是等空單可進場的位置確認之後，可以開始做空股票。

　　一般散戶要進場買股票，往往都是看媒體消息，看到某家公司營收再創新高、某家公司接到新的大訂單，因此心動進場，希望藉由公司獲利增加自己的財富，但股票價格實際運作卻又不是這麼回事。

　　基本面是股價的落後指標，經常發生股價大漲後才公布財報好消息，或是股價都跌深了，媒體還在報導公司的業績很好，最後公司卻潑冷水公布表現不佳的財報，這些都是「資訊不對等」造成的結果。

　　除非你有很明確的內線消息，否則散戶能夠獲取的絕不是第一手資訊，甚至轉過好幾手。

　　但有一點可以明確知道的是，無論判斷的依據是籌碼面、基本面、產業面、消息面，所有買賣的決策都會在技術分析圖上反映出來。

　　也就是說，與其研究籌碼、研究產業，不如把技術分析圖好好研究，確認趨勢、判斷位置高低，哪裡可以進場？該如何停損停利？1 張圖看不懂，那就看 10 張、看 100 張，只要有一天看懂了，就可以開始進場了，這也是我棄基本面、改學技術分析的投資歷程。

⚠ 遇重大利空慘賠 從此只信技術分析

從民國 88 年進入投信的第一天開始，我每天早上都要報告產業消息，部門中每一個人負責一個產業，所以早上 6 點就要起床，不是吃早餐，而是找產業新聞。

雖然我是銀行保險科系畢業，跟股票投資還算有沾一點邊，但實際上要了解這些產業上中下游的相關影響，或是細產業分類的前景，對我來說真的是一場硬戰，更何況了解之後，還不見得能賺到錢。更可怕的是，因為看了很多資訊，還會誤以為自己已經很專業了，進出場都沒問題，反正基本面很好。

當年進場買賣的價位，現在技術分析圖打開一看，真的是冷汗直流，我的錢到底是怎麼賠的，謎底終於揭曉。因為我相信「反正基本面很好」，買進套牢了也沒關係，這種想法在股市太平時期大概還有解套的機會，偏偏我就遇上金融市場的重磅利空「美國次貸風暴」。

如果事先知道這樣的利空，會讓加權指數在半年內跌掉 55%，從 9,000 點跌到 4,000 點，不要說是我，任何一個投資人早在開始下跌時，就會先認賠出場了。偏偏在這之前股價是一段大多頭行情，誰也無法想像一個搞不清楚原因的利空消息，竟然可以導致如此幅度的下跌。

圖 **1-1-2** 次貸危機爆發 台股半年跌逾 5 成（週線）

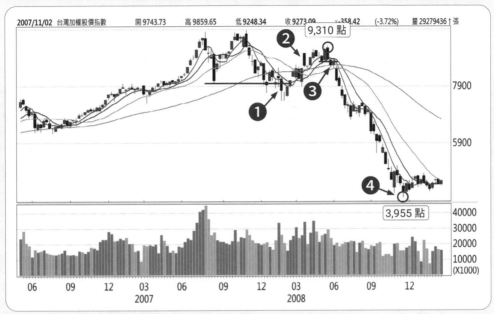

資料來源：CMoney 法人投資決策系統

① 股價跌破前低，進入空頭趨勢。

② 儘管收黑 K，但當日最高點仍突破前高，因此空頭轉多頭。

③ 黑 K 跌破前低，再轉空頭趨勢。

④ 指數在 2008 年 11 月 21 日當週一度跌至 3,955 點，已自 2008 年 5 月 23 日當週高點 9,310 點下跌逾 5 成。

1-2

克服恐懼留在股市
才有機會賺到錢

人類的恐懼，來自於對事物的不確定感，這些未知讓我們陷入無端的猜測中。「還沒學過技術分析之前下單都很勇敢，學了技術分析之後反而都不敢下單了！」、「我賠怕了！到底這個位置是多頭確認？還是矩形突破？我不敢買，怕買了之後又賠錢，已經有下單恐懼症了……」

這是多數同學上完課後複雜又不安的心情，我不禁回想，10 年前我也有過這樣的擔憂。新手會開始買股票，大多數都是受媒體影響，尤其這兩年，無論是線上課程、YouTube 免費技術分析教學，都是熱搜排行榜冠軍，甚至家中長輩在耳濡目染之下，也開始交易股票。

曾經有一位實體班的學生，自職場退休之後，自覺每個月要有收入比較有安全感，所以也來報名上課。有一天下課後很神秘地跟我說：「老師，給你看一樣東西。」於是他拿出了筆記本，每一頁都是密密麻麻的手寫文字，記錄了他在網路上看到的免費技術分析內容，我仔細看了一下，他真的很認真，舉凡趨勢判斷、均線認識、K棒的各種組合等內容，都記錄得非常完整。

看完後我問他：「你很認真，寫的也都很好，為何還要報名上課呢？」這位學員表示他寫了很多，看似好像都懂了，實際上在下單時卻完全沒有章法，原本以為可以進場的位置，實際進場後卻虧損連連，於是他開始懷疑自己是否適合交易，但又不甘心就這樣放棄，所以來報名上課。

❌ 內心恐懼 源於 3 個「不足」

多數投資人對「技術分析」的操作是既熟悉又陌生，模稜兩可、沒有計劃、沒有紀律的下單交易，到最後賠錢都是正常，賺錢只是運氣好。

原因① 決心不足 賠錢就退縮

股票交易的門檻不高，只要去證券公司開戶後就可以開始

下單了，正是因為這麼容易，讓許多投資人誤以為投資很簡單，開戶下單就可以賺到錢了，所以每個人都趨之若鶩。

但是為什麼穩定獲利的人不多，更多是因為幾次賠錢就臨陣退縮了？原因很簡單，因為沒有決心。

我把股票投資這件事當成是創業，我在股市中創業，而且是沒有退路的創業，所以只能奮力一搏，全力往前衝。

在開始前我評估過，股票交易這門生意是可行的。首先，無論資金多寡都可以投入，所以對於剛畢業的年輕人來說門檻低；對於賠了錢想要東山再起的投資人，只要重拾決心、找到好的交易方法，小資金也可以累積成大財富。

其次，把技術分析線圖學會了，什麼商品都可以交易，沒有行業或產業別的限制問題。除了台股之外，我也觀察黃金的技術分析圖，甚至在 2022 年 2 月烏俄戰爭爆發期間，小麥價格飛奔狂漲，我也可以透過技術分析賺一波。

當我下定決心開始創業，我就告訴自己：「我就是一個投機者，學會技術分析的本事後，每天在找商品機會的投機者。」我也沒有退路了，因為不想再朝九晚五，不想再當每天趕著上班打卡的打工仔，尤其是努力工作達標後，還要讓老闆「秤斤論兩」，再決定加薪多少給我，我告訴自己：「我的價值可以自己創造。」

原因② 學習不足 錢白白送給市場

還記得我剛開始報名朱家泓老師的課程,朱老師一開課就對大家說:「我不怕把你們教會,因為你賺的不是我的錢,是市場的錢,就是因為這個原因,我會把本事通通教給你們,能學多少盡量學。」

我心頭一震,心想:「有這種好事?」我常聽到都是師傅留一手,即使花再多錢尋名師,也只能學會 1、2 招,接下來就是徒弟下山各自努力了。就這樣從第一堂課開始,學了將近 10 年之後,我也開始傳承朱老師的精神,把所有學會的知識以及在金融業近 20 年的經驗,通通在課程中分享。

想要賺錢就要敢投資,把錢花在學習上就是一種投資。我有堂課在教學員用免費軟體設計自己的看盤畫面,課後有位學員跟我說,她是一個家庭主婦,孩子都已經研究所畢業,也有很不錯的工作了,以前為了孩子的學習,再多錢她都肯花。

而今天,她生平第一次為自己買了一台筆記型電腦,作為學習操作股票的工具,因為她想要在股市中賺錢,所以該學的課都踴躍報名、持續學習。她了解投資自己的重要性,而我透過她的文字,也能感受到她的決心。

要學會一項賺錢技能,不是一天、兩天就能完成,也沒有速成班,但多數投資人心裡想的卻是:我玩當沖賺點錢,每個

月為自己加點薪，應該不用學這麼多了。殊不知參與交易的除了一般散戶之外，還有資金更大的法人、中實戶、主力等，大家都想要在股市獲利，如果沒有交易邏輯、進場方式，沒有一套穩定獲利的策略，等於是把錢白白送給市場。

原因③ 努力不足 光看永遠學不會

技術分析圖千變萬化，透過走圖的引導，我們可以清楚分辨趨勢、位置，找到進出場的時機，學會走圖的交易紀律之後，光用看的還是學不會，一定要不斷練習。有一位學生在學完走圖後，留了一個訊息給我，我看了真心感動！

「跟老師臭屁一下，我上完走圖班之後，偶然在網路上看到老師的一段訪談，老師說大幅進步的訣竅就是每天走圖覆盤。我就每天找 15 檔強勢股票、15 檔弱勢股票，1 天共 30 檔股票練習，1 個月之後勝率達 9 成！哈哈哈！好啦！我不能太得意，只能認真感謝老師栽培。

我的工作哲學就是選你所愛，愛你所選。走圖就像魔術方塊遊戲，找對位置下單，錢就噴出來了！走圖覆盤的確是絕招中的絕招，我更能體會功夫是練出來的，不是嘴巴講出來的！別人走 1 張圖，我就走 10 張。興趣加上自我要求、每天努力！謝謝老師！」

我看完之所以感動的原因，是因為有人跟我做一樣的事，

獲得一樣的成果,甚至比我更好、更有成就!正所謂「你必須很努力,才能看起來不費力」,撒下辛苦汗水得來的果實是甜美的,努力過的成就誰也帶不走。

用 4 個方法 突破心理障礙

我知道很多人對於「技術分析」有一種天生的恐懼,認為難學、難懂、太複雜,但任何學習都有訣竅,就和股票一樣,方向對了,就會成功。

方法① 大量看圖找信心

判斷進場的方式很多,舉凡基本面、籌碼面、財報分析等等,無論採用哪一種面向,最終都是要買股票,而所有的判斷都會回歸到技術分析圖,價格走勢基本上都會反映出資金動向,這些你都可以在技術分析圖上掌握。

一開始學技術分析圖的人,因為對自己沒信心,或是不怎麼相信技術分析圖,感到困惑且無所適從。解決的辦法很簡單,就是要大量看圖,不斷地用走圖策略的操作紀律訓練自己,在技術分析圖上學經驗,真的是在「紙上談兵」。

方法② 準備一筆「賠光也沒關係」的資金

做任何投資前一定要先準備一筆資金,用在股票市場上的

我稱為「股市創業金」。從出社會開始我被問過最多的問題就是：「你的興趣是什麼？」早期我還真不知自己的興趣是什麼，大概就是看電影、看書……都是些隨意想到的休閒娛樂活動。

隨著時間流逝，突然有一天再被問到一樣的問題，我竟不經意回答：「我的興趣是賺錢。」

「拜託，誰不愛錢！」聽到的人都這樣回答我。這句話我思考了很久，的確，誰不愛錢，大家都愛錢，但是愛錢跟愛賺錢是兩件完全不同的事。愛賺錢是一種行動力、一個目標，也是一個興趣，把興趣跟目標結合在一起，行動力就出來了。

除了當上班族有收入，愛賺錢、想賺錢就要自己創業，就得先準備一筆創業金，但這筆錢必須是即使花光、賠光，也不會影響日常生活。我很喜歡看電視上報導創業成功的節目，無論是開咖啡廳、開饅頭店等等，在店裡高朋滿座之前，每個老闆對自家產品都是一試再試，這些都是創業成本，在股市創業也是這個道理。

我常常感謝自己選擇投資股票市場，因為股市是最棒的投資，無論是大資金或小本錢都可以參與；其次，只要把技術分析圖學好，無論是台股、國際商品、外匯市場通通可以操作，沒有國別限制、沒有商品限制。

2022 年 2 月爆發烏俄戰爭，烏克蘭與俄羅斯原本就是小

麥及原物料的大宗出口國家，當戰爭一發動，小麥國際期貨價格從 850 美元快速飆升至 1,285 美元，這在技術分析圖上早已經顯現出來，飆升前就已經是低檔盤整區間、等待突破。

除此之外，投資股票沒有上班地點的限制，且無論是短線當沖、長線交易都可以，只要把技術分析圖學好、走圖策略精熟，並做好資金分配，就可以在交易中穩定獲利。

方法③　一邊上課一邊交易

我發現上完技術分析課後，多數學生遲遲不肯下單，主要是因為對技術分析圖還不是很懂，或是對交易的決策與步驟不熟悉，當然也有些人是打算把全部課程都上完後，再進行下單交易，要等到時機成熟，確定不會有差錯才願意跨出第一步，這或許都是基於恐懼的心理所造成的，害怕進場後賠錢。

在投資的過程中，必須是學中做、做中學，兩者同時並行，累積交易經驗。害怕交易的投資人，有一個方式可試，就是選擇價格較低的股票，那麼停損時的金額損失也相對較小，對於剛進入股市、或是賠錢賠到怕的人而言，這是一個邊學邊操作的好方法。

儘管股價低，相對賺到的金額也較小，但卻能滿足在初期交易階段的兩個目的：一是把學到的技術分析落實在交易中，同時轉換成經驗；二是找到並培養穩定的交易模式。看完本書

的讀者，可以學會走圖的交易策略，很適合用這個方式進入股市開始操作。

方法④ 設好停損並嚴格執行

傑西・李佛摩（Jesse Livermore）說過：「進場後，照顧好你的損失，而獲利會自己顧好自己。」

交易的目的就是為了要賺錢，所以進場後一般投資人的眼睛都緊盯著帳上賺了多少錢，獲利會隨著股價波動而增減，昨天股價上漲讓帳戶賺了 10,000 元，今天股價下跌只剩賺 8,000 元，突然間 2,000 元就這麼不見，這樣的「帳面價格損失」風險與「到手的鴨子飛了」的心理，讓投資人急著獲利了結，以為至少還能握有手上的 8,000 元獲利，結果股價回檔後再上漲，錯失一大段行情。

相反的，帳上有損失就不是這麼一回事了。因為害怕賠錢、討厭虧損，所以進場後一旦開始損失，就會加深這樣的想法：「我現在如果賣股票就真的是賠錢了，所以先抱著不賣，等反彈到成本價附近，賣掉就不會賠這麼多了！」

這種想法在多頭市場中更是經常出現，投資人會因為是多頭趨勢，認為股價即使短期套牢，就還有解套的機會，若沒有警覺，沒有發現凹單等解套是一個不對的交易方式，等到股市進入空頭趨勢，還是用錯誤的方式進場或凹單，恐怕不知道何

時才能回本了。

🔷 及時停損 避開大跌行情

我們來看看 2020 年、2021 年的航運股，以圖 1-2-1 為例，陽明（2609）在 2021 年 7 月 7 日觸及歷史最高價 234.5 元之後，股價在位置①跌破 5 日均線是多頭回檔，位置②是一個多頭回後買上漲的多單進場位置，之後股價若再上攻則是多頭續勢，但實際上在位置③，又是黑 K 收盤跌破 5 日均線的頭頭低趨勢，依照走圖做多操作策略，這是一個絕對停損的黑 K 棒，必須停損出場。

果然在位置④出現一根實體長黑 K 收盤，把前面低點跌破了，一跌破，空頭也就確認了。後續經過 2 個月的時間盤整，從技術分析圖上可以清楚觀察到在位置⑤出現一根大量實體長黑 K 棒跌破盤整區間，而在跌破當日，均線也已呈現 4 線空頭排列的中長空格局了。

透過這個例子，可以深刻體會停損的重要。一旦趨勢不再是多頭，持有的多單要在第一時間出場，才能避開後面的大跌走勢。

影響股價走勢的因素很多，訊息又是瞬息萬變，留在股市

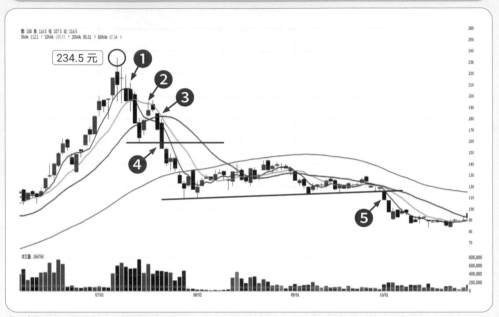

圖 **1-2-1** 陽明創新高後乏力 呈現中長空格局

資料來源：技術面選股王

① 股價跌破 5 日均線，多頭回檔。

② 多頭回後買上漲的進場位置。

③ 多頭再回檔，黑 K 棒收盤再跌破 5 日均線，呈現頭頭低趨勢。

④ 長黑 K 收盤跌破前波低點，確認空頭趨勢。

⑤ 長黑 K 棒跌破盤整區支撐線，空頭續勢。

的時間夠久,才能透過交易累積財富。如何長期留在股市?有 3 個重要秘訣,一是嚴格執行停損,二還是嚴格執行停損,三是把祕訣 1 及祕訣 2 都確實做到。

1-3
訊號繁多
如何看懂技術線圖？

我認識一位已經在股市賺進億萬財富的退休前輩，他在民國 70 幾年進入股市，一開始投入的 1,300 萬元資金不到半年就歸零，我很好奇他是如何東山再起，反敗為勝成為人生勝利組。

　　他曾說了幾句話非常激勵我：「股票市場是窮人翻身的機會！」、「既然我都能賠 1,300 萬元了，那也代表只要我做對了，就可以再賺到 1,300 萬！」這幾句話是不是超級勵志！

　　他原本是一位大學微積分教授，從小家境不好，但天資聰穎很會唸書，尤其數學更是他的拿手科目。據他說，任何考試他都是百戰百勝，就這樣一路過關斬將考上數學研究所，因為

太優秀，他的指導教授也一路協助他，直到被學校聘任授課。

初入股市時，他看著黑板上（就是現在的看盤畫面）跳動的數字，心想：這不難，只要找到跳動的邏輯及概念就可以了，於是他把存款投入開始交易股票。半年後他認輸了，因為錢賠光了，他心想：我堂堂一個數學高手竟會敗在這裡！（這真的是他自己講的！）

訓練盤感 從畫 K 線開始

但股票市場還是有賺大錢的機會，這也是股市最迷人的地方，他已經離不開了。經過一段時間的沉澱，他決定東山再起，但不是籌錢再交易，而是每天練習畫 K 棒。

是的，就是從基本功開始畫一根一根的 K 棒，每一天感受股市漲跌的脈動，再配合均線、指標及成交量的研判，過程中經歷過多次金融風暴，但憑藉著紮實的基本功以及長期累積下來的盤感度過難關，最重要的就是「堅持」的決心。

我在他堅毅且發光的眼神中聽到這麼一句話：「魔鬼藏在細節中。」這個細節不僅是要對技術分析圖非常精熟，還要非常有耐心，一天又一天地持續下去，因為魔鬼隨時會考驗人性。

投資市場就是這麼有趣，無論你是王公貴族或販夫走卒，想進市場賺錢就得讓自己歸零、重新學習，每個人的立足點都一樣。

至於要花多久時間才能上手，這就因人而異了，若目標是要做到穩定獲利，那麼至少要給自己 1 年的時間，把所有該學的技術分析都融會貫通，之後才能實際運用在股市，就像你要開一家泡沫紅茶店，在開店做生意之前，要找到好茶、學會泡茶流程等等。

把基本功學好、學滿，腳步站穩就不怕股市刮颱風，這似乎已經是老生常談的觀念，但做到的人卻很少。就連我認識的這位股市前輩，都已經是數學高手，頭腦比一般人聰明好幾倍了，面對股市也都要從 K 棒一根一根開始畫起，才能一步一步建立盤感。

分階段檢視成果 技術分析有跡可循

從新手入門、初階學習、中階應用到進階操作等等，要學習技術分析有方法可依循，那麼，在不同階段可以擬定哪些學習重點及目標？

我很喜歡跟同學聊天，因為可以知道他們的學習心得，

讓我在授課時更能掌握學生的理解程度。有一天上完課後，一位媽媽同學皺著眉頭走過來跟我說：「老師，我在還沒上課前買股票都衝衝衝，上完課後卻變成什麼都不敢買了，怎麼辦？」

我開心地跟她說：「這樣就對了，因為股票是等來的，不是追來的！」如果你真的要把股市操作當成一個事業來經營，就得循序漸進把每一個階段都完整走過，任何一個不小心跳過的環節，未來都要再回過頭來重修，已經走過的階段也必須反覆練習。

再次強調，使用技術分析交易的最大優點就是有方法可循、有邏輯可以依歸，當你學會之後搭配進場紀律，就可以透過走圖來鍛鍊自己，提高操作穩定度，這是練習技術分析的最佳方法。

想賺股票市場的錢，要先了解遊戲規則。開戶完成後，除了拿現金出來買股票，期待股價上漲帶來獲利，你也要知道股票如果進入空頭趨勢，還可以透過融券放空獲利，不過，想要融券就必須開立信用交易戶。除了股票可以賺錢以外，期貨也是這幾年非常熱門的交易商品，所以也可以了解一下期貨的交易特色，有了基本認識之後，我們同樣可以透過走圖的技巧來操作期貨。

以下列舉出幾項股市新手應該認識的金融市場資訊：

🎯 新手應該認識的市場資訊

☐ 什麼是股市？什麼是股票？

☐ 如何買股票？也就是該如何下單、下單看盤軟體如何使用，什麼是交割？交割方式有哪些？如何買零股？什麼情況下可以透過零股投資獲利？

☐ 股票如何波動？如何賺錢？資本利得怎麼算？股利怎麼算？交易成本有哪些？（手續費跟證券交易稅算法）

☐ 股市參與者有哪些？他們是如何影響市場價格？

☐ 股票如何分類？

☐ 融資融券信用交易是什麼？

☐ 什麼是期貨？期貨有哪些種類及如何賺錢？

☐ 影響股市的總體經濟數據有哪些？如何應用？

可以想想，上述列舉的項目中，哪些是你已經知道的，哪些是要再深入了解的內容，透過清單檢視自己還需要補齊的基本知識。

攤開線圖 看懂 5 大訊號

脫離新手小白階段，對股市有初步認識後，就可以準備開始交易，在那之前還要先了解技術分析，並學會看技術分析圖來賺錢。

很多人會疑問，到底什麼叫看懂技術分析圖，從另一個角度思考，可以問：「要從哪裡著手才能看懂技術分析圖？」你可以從圖 1-3-1 來試著觀察，一張技術分析圖攤開來看需要注意以下訊號。

①**看懂趨勢**：若是做多操作，股票必須是多頭趨勢才能進場買進，一旦趨勢進入空頭就不能再買了，手上也不能持有買單；相反的，一旦股票進入空頭趨勢，就可以進場做空股票。

②**看懂進場位置**：多頭趨勢行進中，不是每一天都可以進場的，當股價在上漲期間，已經進場的投資人很有可能獲利了結，如此一來就會有短線上的賣壓，導致股票下跌回檔，所以我們必須等待多頭回檔後再上漲的位置確認，才能再進場。

③**看懂出場位置**：股市交易最終要把股票獲利了結賣出，才是真正賺到錢，所以出現一波多頭上漲後，可以短線獲利了結跑一趟，以宏達電（2498）這一波上漲來看，位置②出現黑K收盤跌破 5 日均線，代表短線上已經有獲利了結的賣壓出來，

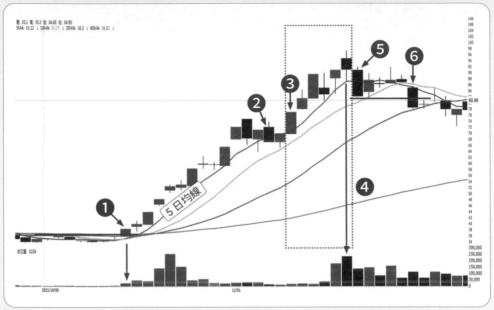

图 **1-3-1**　以宏達電為例 看懂線圖 5 大訊號

資料來源：技術面選股王

① 2021 年 10 月 18 日，當天出現大量實體紅 K 棒，站上前面的轉折高點，成為確認多頭的重要訊號，從這天開始才可以做多操作。

② 2021 年 11 月 4 日，黑 K 收盤跌破 5 日均線，代表短線已有獲利了結的賣壓。

③ 「多頭回後買上漲」的進場位置，也是多頭趨勢行進期間，第 2 個可以多單進場的位置。

④ 框線內這段期間的股價，收盤皆站於 4 條均線上方，呈現完美的 4 線多頭排列。

⑤ 繼前日高點爆量收黑 K，再出現實體長黑 K 收盤跌破 5 日均線，代表短線已有獲利了結的賣壓出現。

⑥ 2021 年 11 月 23 日，出現實體黑 K 收盤，跌破前面轉折低點，空頭確認。由於趨勢變成空頭，多單就要停止操作。

在操作上可以跟著出場、獲利落袋。

④**看懂均線**：均線是集眾人的力量將股價往上推，只要股價持續在均線之上，多頭趨勢就會持續。就這張技術分析圖來看，位置④框線內這段時間，可以看到多頭趨勢持續行進，5日、10日、20日、60日這4條重要均線，當下呈現完美的4線多頭排列，表示這一時間進場的投資人都是獲利滿滿。

⑤**看懂成交量與價格關係**：成交量是多頭上漲的加熱器，上漲有量股價就容易水漲船高，但也要提防高檔爆量賣出，就圖上位置⑤來看，可以發現繼前日高檔爆量收黑K，短線獲利了結的賣壓再現，接著就出現實體長黑K棒跌破5日均線。

誠如上述所言，在一張技術分析圖上需要研判趨勢、位置、進出場條件、均線及成交量，這些都是初階交易人要學會的基本功夫。無論股價怎麼變化，都脫離不了基礎分析的研判，練好紮實的基本功，進入變化多端的股市才能臨機應變。

那麼，該如何把每一個基本技巧組合運用在實際操作上？想要擁有一套屬於自己的「交易聖杯」，就要學習怎麼靈活運用走圖技巧。

1-4
新手入門
先學多空趨勢判斷

技術分析線型看起來千變萬化,但其實是有邏輯可循的,一開始最重要的就是學會判斷「多頭趨勢」及「空頭趨勢」,當一檔股票的多頭趨勢確認,就可以鎖股等待進場;空頭趨勢確認也可以鎖股等待做空。

如果一檔股票並非多頭趨勢或空頭趨勢,就代表股價進入了「盤整趨勢」,這時候可以留意一下型態上的轉變,先別急著進場,等待盤整突破或跌破的條件滿足後,再以多單或空單進場。

以下將就多頭趨勢條件、空頭趨勢條件、盤整趨勢條件進行簡單說明,有助於新手迅速掌握多空趨勢的長相。

⚒ 多頭趨勢條件：頭頭高、底底高

當股票行進間，上漲出現一根紅 K 棒收盤站上前面轉折高點，下跌回檔沒有跌破前面的轉折低點，之後再出現紅 K 棒上漲⋯⋯如此有規律地一直往上，就稱為多頭趨勢。

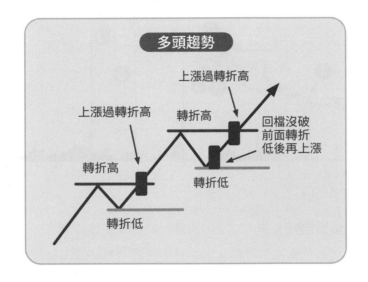

運用上述多頭趨勢的條件，我們來看看中興電（1513）在特定某一段時間內是否為一檔多頭股票。仔細觀察圖 1-4-1，發現每一個「轉折高」都越來越高，而每一個「轉折低」也是越來越高，這就是所謂的「頭頭高、底底高」，是一個標準的多頭趨勢。

圖 **1-4-1**　　　　多頭趨勢股價走勢圖

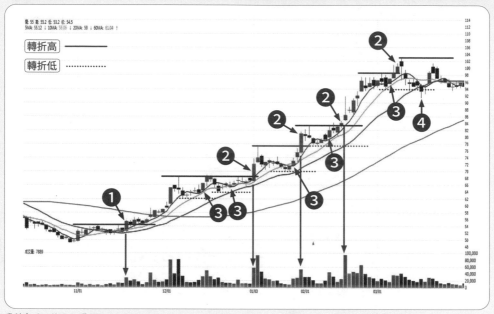

資料來源：技術面選股王

① 出現一根大量實體紅 K 棒，站上前面轉折高點，多頭確認。

② 後續股價在這些位置都出現紅 K 棒，且突破前方轉折高。

③ 股價下跌回檔後，這些位置都沒有跌破前面轉折低，隨後又再上漲，這就是一檔多頭趨勢上漲的股票。

④ 直到這個位置出現一根黑 K 棒，收盤跌破前面轉折低後出現底底低，代表多頭趨勢改變了。

空頭趨勢條件：頭頭低、底底低

當股票在行進期間，收盤出現一根黑 K 棒跌破前面轉折低點，上漲反彈沒有突破前面的轉折高點，之後再出現黑 K 棒再下跌⋯⋯如此有規律地一直往下跌，就稱為空頭趨勢。

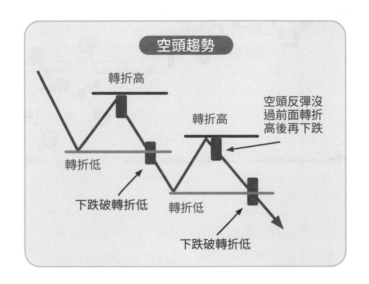

運用上述空頭趨勢的條件，我們來看看建準（2421）在特定某段時間內是否為一檔空頭股票。從技術分析圖上可以明顯看出（圖 1-4-2），每一個「轉折高」都越來越低，而每一個「轉折低」也是越來越低，這就是空頭趨勢的「頭頭低、底底低」。

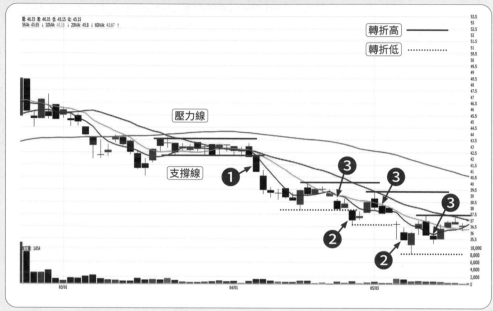

圖 **1-4-2**　　　空頭趨勢股價走勢圖

資料來源：技術面選股王

① 出現一根實體長黑 K 棒，收盤跌破支撐線，確認空頭趨勢。

② 後續股價在這些位置都出現黑 K 棒，且跌破前波轉折低點。

③ 股價短暫反彈後，這些位置也都未突破前波轉折高，因此確認這是一檔空頭趨勢的股票。

☒ 4 種狀況 股價處於盤整趨勢

　　如果不符合「頭頭高、底底高」，也不符合「頭頭低、底底低」，那麼就是盤整趨勢，以下介紹 4 種盤整趨勢判斷。

盤整趨勢① **多頭趨勢頭頭低、底底高**

　　這是多頭趨勢中很常見的盤整走勢，又可以稱為「三角形盤整」。多頭趨勢中下跌回檔，沒有跌破前面轉折低後股價再上漲，但也沒有突破前面轉折高，形成「頭頭低、底底高」。

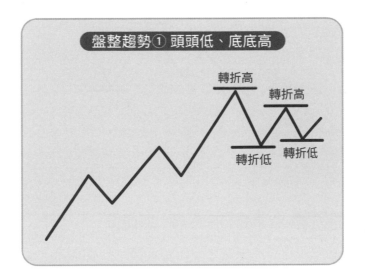

盤整趨勢② **多頭趨勢底底低、頭頭高**

　　這樣的盤整趨勢，又可以稱為「喇叭型態盤整」，型態比

較特殊，因為後續股價還是有創高，所以很多人誤會，以為股價依然是多頭趨勢。當一檔股票在多頭趨勢中下跌，且回檔幅度很深，跌破前面的轉折低點，代表多方似乎有點擋不住空方力道，後續股價即使再上漲，突破前面的轉折高點，趨勢也已經是盤整確認了，不再是多頭。

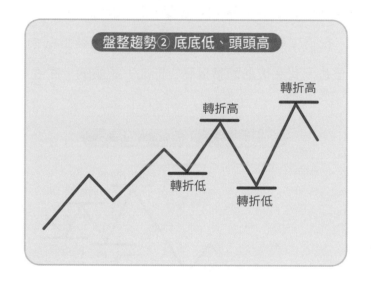

盤整趨勢② 底底低、頭頭高

轉折高

轉折高

轉折低

轉折低

盤整趨勢③ **空頭趨勢底底高、頭頭低**

這是空頭趨勢中很常見的盤整走勢，一樣稱為「三角形盤整」。空頭趨勢中股價續跌，沒有跌破前面轉折低後股價再上漲，但也沒有突破前面轉折高，形成「底底高、頭頭低」。

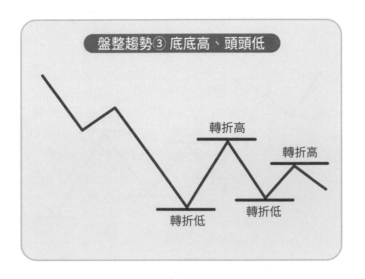

盤整趨勢③ 底底高、頭頭低

轉折高

轉折高

轉折低

轉折低

盤整趨勢④ **空頭趨勢頭頭高、底底低**

　　這樣的盤整趨勢，也稱為「喇叭型態盤整」，空頭趨勢的低檔若出現這種盤整型態，就表示空方力道已經慢慢減弱，而且還進入多空激戰的狀況。當空頭趨勢出現強力反彈且過了前面轉折高點後，趨勢就改變了，此時多方力道似乎已經占上風，後續股價若再下跌，並跌破前面轉折低點，就形成頭頭高、底底低的低檔喇叭型盤整。

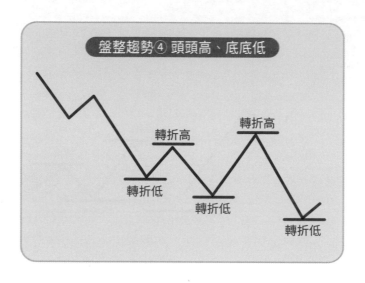

盤整趨勢④ 頭頭高、底底低

轉折高

轉折低

轉折高

轉折低

轉折低

　　透過上述說明就可以清楚知道，交易前要先確認股票的趨勢方向，再決定操作策略：

　　①趨勢是多頭確認，只做多單操作。

　　②趨勢是空頭確認，只做空單操作。

　　③趨勢是盤整則不操作，等待盤整突破或跌破再進場。

　　經過這樣的方式檢視每一檔股票，就不會再有做錯方向的問題了，不僅如此，還可以掌握到每一個波段的起漲、起跌位置。把這樣的操作技巧運用到不同交易週期，無論是當沖交易、短波段或是長線交易都完全適用喔！

走圖筆記 :

1-5

從當沖到長線
進場臨危不亂

○ .... ○

進入投資市場前，一定要選擇適合自己的操作方式，才能在股市中穩定獲利。雖然同樣是股票交易，學的也都是同一套方法，但會因為每個人的持有時間、投入資金大小而有不同操作方式，甚至是每個人的個性差異，都會造成交易策略及結果截然不同。很多人在操作前，沒有確認自己的操作週期，實際操作時只能以一個字來形容，就是「亂」。

所謂的「操作週期」指的是持股期間，一般會這樣區分：若是 1 天之內完成交易，則稱當沖交易；若是鎖一檔 2 ～ 3 個月之內完成多頭或空頭趨勢的交易，則稱為短波段交易；如果是持股期間達半年甚至 1 年以上，則稱為長線交易。

不同交易週期，操作策略當然不相同。我想，很多人都有這樣的經驗，本來打算做短線價差交易，結果一套牢就變成長期持有，或是好不容易等到好的進場位置做長期投資，結果一遇到短期股市上下震盪就趕緊出場，因為怕到手的鴨子飛了。

這種糾結情緒造成的結果，追根究柢就是因為在下單交易前，沒有明確的交易策略，如果對於不同交易週期的條件，採取明確的交易策略，就不會出現雜亂無章的行動。

首先要知道，技術分析圖上有各種不同的週期，有日線圖、週線圖，甚至還有 5 分鐘圖、15 分鐘圖、30 分鐘圖及 60 分鐘圖。該如何運用這些不同的週期圖？而短、中、長線的明確劃分是什麼？又該如何操作呢？

⚔ 極短線交易：以 5 分或 15 分 K 為主

技術分析上的週期圖，會以日線圖及小時圖裡的 5 分鐘圖或 15 分鐘圖作為觀盤重點，觀察方式如下：

步驟 1：用日線圖來研判極短線多空趨勢，以 5 日均線（5 MA）或 10 日均線（10 MA）作為多空分界線；當股價在 5 日均線或 10 日均線以上，視為多頭趨勢，相對的，股價在以下則視為空頭趨勢。

2022 年 11 月 11 日，台康生技（6589）收紅 K 過前面高點（見圖 1-5-1），當天確認多頭趨勢，後續股價沿著 5 日均線及 10 日均線上漲。

圖 1-5-1　台康生技多頭趨勢確認（日線）

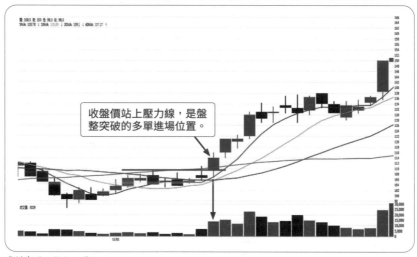

收盤價站上壓力線，是盤整突破的多單進場位置。

資料來源：技術面選股王

步驟 2：以 5 分 K 或 15 分 K 線圖於盤中觀盤，來決定進出場操作。

當研判台康生技日線圖是多頭趨勢後，若想做短線交易，就可以在盤中運用 15 分圖觀察（圖 1-5-2），發現 15 分圖也出現多頭趨勢後，就可以在 5 分鐘圖上找到符合多單進場條件的位置操作。

圖 **1-5-2**　　以短分 K 確認台康生技多頭趨勢

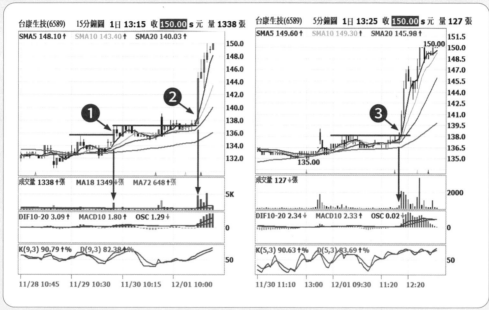

資料來源：XQ 全球贏家

① 從 15 分圖來看，紅 K 收盤過前高，多頭趨勢確認。

② 從 15 分圖來看股價突破盤整區間，多頭趨勢確認。

③ 從 5 分圖來看，紅 K 棒突破盤整區壓力線，成交量、指標、均線條件都吻合後，多單進場。

短線交易：以日線圖為主

短線交易在技術分析圖上的週期，會以日線圖作為觀盤重點，操作方式如下：

步驟 1：在日線圖上除了確認趨勢之外，還會加上 20 日均線（20 MA）作為多空分界線，當股價是多頭趨勢且站於 20 日均線上方，視為多頭趨勢（圖 1-5-3）；反之，股價走勢是空頭趨勢且位在 20 日均線下方，則視為空頭趨勢（圖 1-5-4）。

步驟 2：分清楚趨勢之後，就以日線圖找到適合進場的位置來操作。

中長線交易：以季線為主

步驟 1：技術分析圖上的中長線交易，以日線圖上 60 日均線（季線）作為多空分界線。股價在 60 日均線上方為多頭趨勢，在 60 日均線下方則視為空頭趨勢（圖 1-5-5）。

步驟 2：操作上，要以週線觀盤，也就是以週線的趨勢方向作為重要參考，並在日線圖找進場位置操作（圖 1-5-6）。

圖 **1-5-3** 八貫短線做多範例

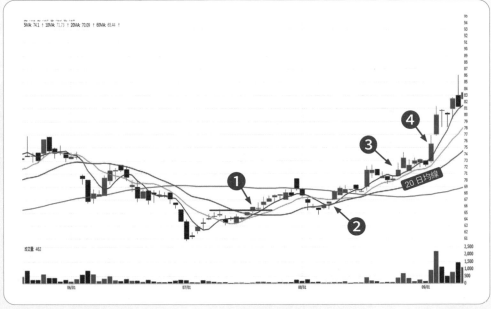

SMA: 74.1 ↑ 10MA: 71.73 ↑ 20MA: 70.09 ↑ 60MA: 65.44 ↑

20 日均線

資料來源：技術面選股王

① 出現底底高過前面高點的紅 K 棒，確認多頭趨勢，同時股價站上 20 日均線，
符合短線進場做多的條件。

②～④ 後續股價沿著 20 日均線上漲，這些都是多頭回檔後再上漲的轉折位
置，若符合多單進場條件，可以買進。

圖 **1-5-4**　　　　穩懋短線做空範例

資料來源：技術面選股王

① 出現頭頭低破前低的黑 K 棒，確認空頭趨勢，同時股價跌破 20 日均線，符
　合短線進場做空的條件。

② ～⑥ 後續股價沿著 20 日均線下跌，這些都是空頭反彈後下跌的轉折位置，
　若符合空單進場條件，可以做空。

圖 **1-5-5**　　國泰金呈現中長空格局（週線）

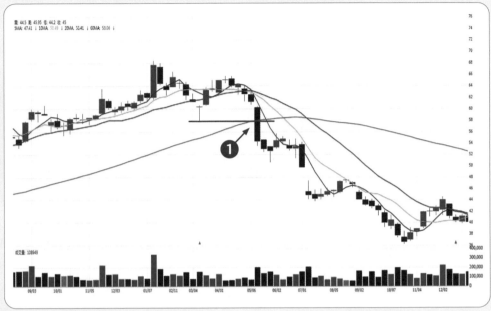

資料來源：技術面選股王

① 股價跌破前低、空頭確認的黑 K 棒，當週線趨勢確認是空頭，代表股價正式進入中長空頭格局，此時手上不但不能持有多單，還要到日線圖上找到空頭趨勢的空單進場位置。

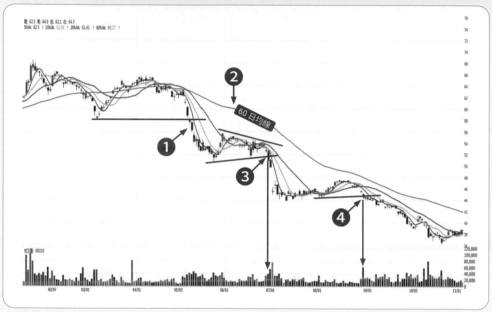

圖 **1-5-6** 國泰金長空趨勢進場位置（日線）

資料來源：技術面選股王

① 週線的空頭確認，在日線圖上面就是這個位置的黑 K 棒（跌破前低）。

② 股價持續在 60 日均線（季線）之下行進，代表這檔股價是中長空趨勢，可以找空單進場位置。

③ 黑 K 棒跌破三角型態盤整，空單可進場。

④ 黑 K 棒跌破頸線，是圓弧頂型態確認的空單進場位置。

　　透過上述說明，就可以清楚知道極短線、短線及中長線該如何區分，以及該觀看哪一個區間的技術分析圖，避開原本要做當沖，後來變成長線套牢的噩運；也能避免好不容易在底部買到一檔多頭股票，卻因為害怕到手鴨子飛了而急忙出場，因此錯失一波大行情的窘境。

從紙上談兵開始
用走圖練操盤技巧

有親自下廚的人都知道，炒菜前要把每一種食材準備好，該用什麼調味料、食材下鍋順序、火侯調整時間、起鍋前準備等等，樣樣都是功夫。相同的食譜，無論是經驗豐富的廚師或是新手來處理，都可以完成一道菜，差別在於好吃或不好吃。

這就跟操作股票一樣，學完技術分析後，聽起來好像都會了、都聽懂了，但實際交易時腦中卻一片空白，只能憑印象進場操作。這時候透過走圖，頻繁且大量的練習，從「紙上談兵」開始，直到能將這項技巧運用純熟，熟悉每個訊號的轉折，就能解決這樣的問題。

走圖即覆盤 讓操作變成日常

走圖就是「覆盤」，而「覆盤」原本是圍棋術語，是一個相當重要的圍棋訓練方法。當棋局結束勝負分曉之後，無論是贏家或輸家，都把所有棋子重複再擺一次，並回想整個過程，仔細檢查每一次的出手是否正確，以及對手可能的思路，還有沒有更好的下法。

技術分析的「覆盤」訓練，也是如此。當一個趨勢結束後，把技術分析圖打開，從趨勢的開始到結束，每一根 K 棒仔細研究，每一個轉折認真研判，每一個 K 棒的進場條件紮實確認。

透過走圖練習，有方法、有紀律地透過 1 張圖、2 張圖、3 張圖……不斷自我訓練，用眼睛和大腦，把技術分析圖深深印在腦海中，讓進場操作變成生活的日常。就像高級餐廳裡的主廚，所有食譜都牢記在腦海中，不但如此，還能夠充分運用食材，變化出各種令人驚呼的美食。

大量看圖 做進場操作演練

技術分析圖上的每一根 K 棒，都是買賣股票過程中留下的軌跡。在每天的交易時間內，無論是大資金的主力、法人，或是中

小資金的中實戶、散戶，他們對某一檔股票的多空看法及投入資金大小，都會在技術分析圖的價格及成交量上反映出來。

因此，可以這樣說，技術分析圖就是人心的表現，而人心往往是最難預測的，故技術分析圖上才會有千變萬化的走勢。

正因如此，當我們把技術分析學會，有了操作策略及方法，最重要的就是要多看圖，並相信技術分析圖的訊號，所有的進出場、趨勢轉折都可以在上面找答案。但百密總有一疏，再完美的策略一樣會有例外或失敗的情況發生，所以要嚴守停損、控制風險。

透過均線、切線、成交量、指標，你可以找到符合進場條件的 K 棒、適合停利及停損的 K 棒。還沒有真正學會之前，先進行「紙上談兵」、「看圖說故事」，也是一種實戰演練，練 1 張圖、練 2 張圖……一旦練到 50 張、100 張，幾乎就可以說是任何多空趨勢走法都掌握了。

一檔股票到底要如何用覆盤的方式練走圖？該如何進出場？首先要學會基本的技術分析知識，除了前面提到，新手入門要看懂多空趨勢之外，還要學會成交量和 K 線的關係、KD 指標、MACD 指標……看到這裡不用急，後面章節我會一一教你，把練走圖前的基本功都學會。這邊先以振樺電（8114）為例，分析其股價在 2 個月內的轉折變化。

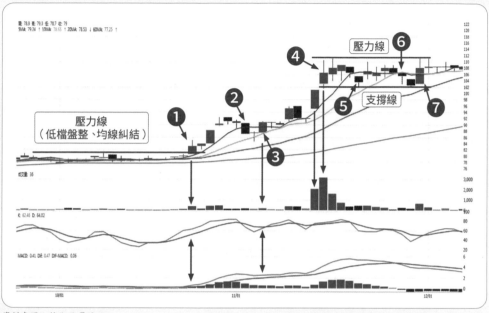

圖 **1-6-1** 以振樺電作為走圖範例

資料來源：技術面選股王

① 2021 年 10 月 25 日，出現大量實體長紅棒，收盤站上壓力線、突破盤整區，確認多頭趨勢，此時多單可以進場。檢視一下當日成交量為 390 張，是前一個交易日（10 月 22 日）101 張的 3.8 倍左右，也符合多單進場的條件。

與此同時，要再確認 2 個指標是否符合條件，若指標也符合，則可大幅提高進場勝率。首先是 KD 指標呈現多頭排列，MACD 指標的柱狀體（OSC）從綠柱（黑柱）轉成紅柱，2 個指標皆符合多單進場條件。

如此一來，無論是趨勢與 K 棒條件皆符合，4 條均線呈現多頭排列，同時指標也沒問題，那麼在快收盤時就可以多單進場，買進價格為 83.1 元（當日收盤價）。

▼接下頁

② 2021 年 11 月 2 日，當日出現實體黑 K 棒，收盤跌破 5 日均線，表示多頭趨勢要回檔了，所以在即將收盤時多單先出場，賣出價格為 87 元（當日收盤價），這一趟進出場的報酬率為獲利4.6%。

仔細看一下，股票依然是多頭趨勢，4 條均線也還是呈現多頭排列，所以之後若還有符合多單進場條件的 K 棒，要把握機會。

③ 2021 年 11 月 4 日，股價在位置②多頭回檔後，次日出現十字變盤線代表止跌訊號，11 月 4 日是一根實體長紅棒，收盤站上 5 日均線及前一日十字變盤線的高點，稱為「多頭回後買上漲」，是多頭股票的進場位置。

為了提高勝率，同步確認指標是否符合進場條件，當天的 KD指標是 K 值向上，MACD 的紅柱是縮小的，符合多單進場的指標條件（雙指標其中一個條件符合即可），加上均線仍是 4 線多頭排列。因此，一樣在快收盤時多單進場，買進價格為 90.8元（當日收盤價）。

④ 2021 年 11 月 15 日，這一波多頭上漲出現一個重要特徵，就是出現超大量的長上影線紅 K 棒，高檔有大量可以視為主力出貨的訊號，所以這個轉折高是重要的壓力，如果多頭要再續漲，也就是主力要續攻，則股價一定要再過轉折高點。但如果沒有突破壓力線，趨勢就會進入盤整，那就不再是多頭趨勢了。

⑤ 2021 年 11 月 19 日，當天黑 K 棒收盤跌破 5 日均線，多頭再度回檔，所以在位置③買進的多單一樣先獲利了結出場，賣出價格為 103.5 元（當日收盤價），這一趟進出場的報酬率為獲利 14%。

⑥ 2021 年 11 月 26 日，股價在位置⑤回檔後，後續又再站上 5
　日均線，但並沒有突破上方壓力線，果然符合預測，顯示高檔
　有主力在賣股票了，於是 26 日當天出現黑 K 棒收盤跌破 5 日
　均線，一個頭頭低的黑 K 棒，代表趨勢已經改變不再是多頭，
　開始進入盤整盤了。

⑦ 2021 年 11 月 30 日，當股價頭頭低再下跌後，觀察到並沒有
　跌破前方低點（也就是位置⑤的黑 K 棒最低點），30 日當天出
　現紅 K 棒，收盤站上 5 均形成底底高。誠如前面趨勢研判，頭
　頭低、底底高就是盤整確認，多單可以停止操作了。

透過上述說明，是不是可以很明確掌握到進出場條件，還能預知高檔可能的風險並做好應變措施，如此一來，一張雜亂無章的技術分析圖也變得清清楚楚了。

　　走圖練習就是這樣，打開一檔股票的線圖，運用所學的技術分析知識，找出股價走勢的各個關鍵轉折點，不斷勤練。實際操作時，看著當日盤中或收盤的 K 線，加上各種指標釋出的訊號，就能預判這檔股票該怎麼操作，畢竟現實生活中就是這樣，你「看不到」未來的 K 線，只能靠著日積月累的覆盤練習，加深你對技術分析的信心，提高投資勝率。

走圖筆記：

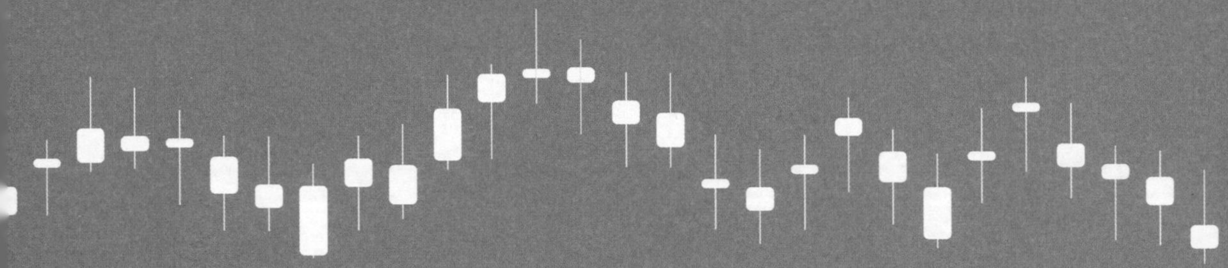

第 2 章

靠走圖穩穩賺
先練好基本功

2-1
學走圖練習
先看懂 6 件事

前面說過走圖就是覆盤，也是上戰場打仗前的實戰演練，如果能夠每天走圖、每天練習，把技術分析圖上的每個重要環節都完整確認，之後進場的獲勝機率自然就大大提高。

但是問題來了，你知道要每天練習，每天也都有固定時間打開看盤軟體認真看圖，你也很認真地看書、上課，但每當真的要拿錢出來真槍實彈進場買股票，當下腦筋卻是一片空白⋯⋯

我想這是大多數人的問題，不論你是股市小白或是征戰股海數十年的股友，如果沒有一套訓練有素的固定操作模式，一旦遇到「股市亂流」，就會亂了陣腳。

📈 成為常勝軍 只要練好 1 招

　　想要成為一位運用技術分析的投資人，必須非常認真，每天都要觀察股價走勢，找到好的股票鎖股追蹤。什麼叫做「好的股票」呢？其實很簡單，就是找「順勢」的股票操作，當大盤是多頭趨勢，我們就找多頭股票鎖股追蹤；當大盤是空頭趨勢，就找空頭股票鎖股等做空；當大盤是盤整趨勢，我們就先不採取動作，等待趨勢突破或跌破盤整區間，再找適合的位置進場操作。

　　依照這樣的選股、鎖股邏輯，可以歸納出來一套交易戰法，我把它稱為「走圖操作 SOP」。要掌握技術分析的精髓，不僅要把這套「走圖操作 SOP」學會，更重要的是要每天運用這個 SOP 進行實戰演練，當你練習超過 100 檔股票，也就是 100 張走圖之後，就會發現技術分析圖彷彿在跟你對話般神奇，因為你已經漸漸熟悉每根 K 棒釋出的訊號，不知不覺中練出一眼看出股價趨勢與轉折的能力。

　　李小龍曾說，他怕的不是練出 1 萬招的對手，而是 1 招練 1 萬次的對手，這個道理也可以運用在走圖，把「走圖操作 SOP」這招學會之後，再練習 1 萬次，就有機會成為技術分析操作的常勝軍。

⚒ 提高勝率 進場前確認 6 大條件

這套「走圖操作 SOP」是經過長達 10 年的經驗演練下來的,當然這中間也會因應市場狀況做微調,才呈現出目前的操作條件。首先,我們要了解股票進場之前,必須先確認符合 6 大條件:趨勢、位置、K 棒、均線、成交量、指標。

①**趨勢**:也就是你選到的股票到底是要做多,還是做空。判別方式很簡單,如前面所述,多頭趨勢就鎖股等多單可以進場的位置,例如等回後買上漲,或是多頭趨勢中盤整修正後,等盤整突破再進場等等;空頭趨勢就鎖股等空單可以進場的位置,例如等彈後空下跌,或是空頭趨勢中盤整修正後,等盤整跌破再進場等等。

如此一來,就非常明確知道等待的條件是什麼,如果你鎖做多的股票沒有等到可以進場的條件,反而還出現趨勢改變,那麼這檔多頭鎖股的股票,就要從你的選股名單中剔除了。

②**位置**:如何提高進場的勝算?有 2 個重要的條件:報酬率跟獲利率。報酬率簡單來說就是你賺了多少錢,而獲利率就是進場的勝率,想要提高報酬率就要注意進場位置。

多頭趨勢的位置可以分成 3 階段:多頭起漲位置、多頭續勢位置、多頭高檔位置。

　　多頭高檔的判斷以「漲幅」作為研判標準,也就是多頭起漲後股價漲幅達「1倍」,就視為多頭高檔。舉例來說,當一檔股票多頭確認時為50元左右,若漲到100元附近,主力容易獲利了結賣出股票,所以就視為股價已經到了相對高檔。既然主力都想要賣股票了,身為散戶的我們自然也不要太積極操作。

　　空頭趨勢的位置一樣可以分成3階段:空頭起跌位置、空頭續勢位置、空頭低檔位置。

　　當空頭確認後股價下跌達「一半」,也就是跌了50%左右,空單就容易出現獲利了結的買盤,或出現想要低接的買單,使股票下跌減緩,一旦空方下跌力道減弱,做空操作就很難再獲利了。

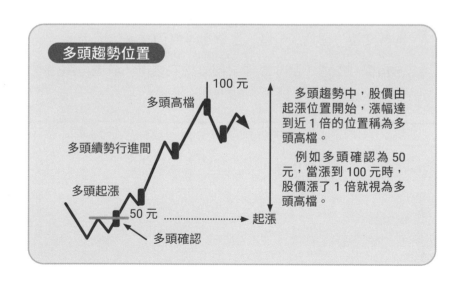

多頭趨勢位置

100元
多頭高檔

多頭續勢行進間

多頭起漲

50元 ·················→ 起漲

多頭確認

　　多頭趨勢中,股價由起漲位置開始,漲幅達到近1倍的位置稱為多頭高檔。

　　例如多頭確認為50元,當漲到100元時,股價漲了1倍就視為多頭高檔。

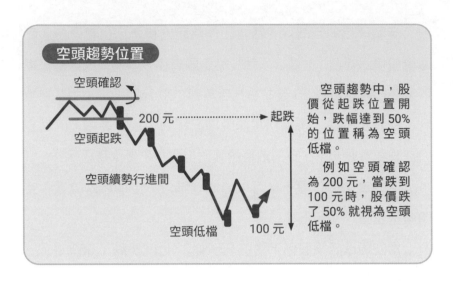

空頭趨勢位置

空頭確認

200 元 ⟶ 起跌

空頭起跌

空頭續勢行進間

空頭低檔　　100 元

空頭趨勢中，股價從起跌位置開始，跌幅達到 50% 的位置稱為空頭低檔。

例如空頭確認為 200 元，當跌到 100 元時，股價跌了 50% 就視為空頭低檔。

大致介紹完「趨勢」和「位置」，剩下的 4 個條件分別為：

③ K 棒：透過關鍵 K 棒可以確認趨勢是否即將反轉。

④均線：透過均線可以知道趨勢方向、支撐及壓力。

⑤成交量：留意底部量、攻擊量等量價關係的運用。

⑥指標：上述 1 至 5 條件全部確認完成後，最後再用指標來提高操作勝率。

以上為走圖進場操作的 6 條件，先把這些條件都確認後才能開始操作，我們將在後面逐一介紹這些條件。

走圖筆記：

2-2
趨勢確認
找到進場位置

透過章節 1-4 的說明，我們已經認識了多頭、空頭及盤整等 3 種趨勢的簡單判別方式，當我們把股票的技術分析圖打開來，第一個重要步驟就是立刻辨識該檔股票當下是多頭還是空頭趨勢。

如果無法辨識出來，很有可能是在盤整，一旦股票進入盤整盤就不操作，但也別把這檔股票丟掉，因為若盤整到了末端後出現一根關鍵 K 棒，無論是向上突破的紅 K 或向下跌破的黑 K，都是可以進場的好時機（見圖 2-2-1）。

股價每天漲漲跌跌，多頭趨勢中上漲幾天後又下跌，空頭趨勢中股價跌了幾天之後又漲回來，這樣的漲跌走勢看似雜亂

圖 **2-2-1**　突破壓力線 股價續揚

資料來源：技術面選股王

① 多頭確認，後續股價沿著 5 日均線上漲。

② 出現黑 K 跌破 5 日均線，形成頭頭低，多頭趨勢一旦出現頭頭低，就表示該檔股票進入了盤整。

③ 出現紅 K 棒收盤站上 5 日均線，形成底底高，盤整確認，此時該檔股票就不能操作了，必須等待後續是否出現關鍵 K 棒，突破或跌破盤整區的壓力線或支撐線後，再來研判後續行情。

④ 出現一根關鍵的實體長紅棒突破壓力線，代表多頭趨勢整理後即將要繼續往上，如果看到這樣的 K 棒出現，又符合走圖的多單進場條件，就要趕緊把握可以進場操作的機會。

無章,其實是有跡可循的。

我們可以透過每一個轉折高點及轉折低點的研判,知道趨勢是持續進行中,還是方向要改變了。

多頭趨勢研判 回檔未破前低 上漲過前高

我們再複習一下,多頭趨勢的特色是「頭頭高、底底高」,指多頭趨勢中股價回檔之後,前面轉折低都沒有跌破,後來再上漲把前高站上。我們可以透過下方圖形來說明。

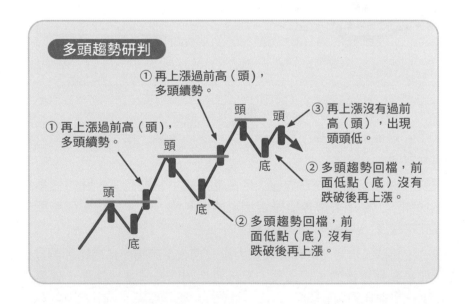

　　從圖上可知，位置①多頭再上漲後出現一根紅K棒，收盤站上前面轉折高點，這一站代表多頭續勢，若此時手上持有多單自然是續抱。

　　位置②是多頭趨勢回檔，代表手上持有多單的投資人短線上獲利了結，所以股價會回檔，一旦下跌就要特別留意一個重要位置，也就是前面轉折有沒有跌破，如果沒有跌破，之後又出現一根紅K棒往上，就會出現底底高，股價再上漲。

　　依上所述，一檔股票出現這樣的底底高、頭頭高走勢，就是多頭趨勢的股票（見圖2-2-2），只要這樣的慣性沒有改變，多頭就會持續。

　　一直到位置③出現不一樣的變化了，雖然是多頭再上漲，但前面高點沒有站上，還出現一根黑K棒下跌形成頭頭低，代表多頭趨勢改變，這檔股票不再是多頭，進入盤整趨勢了。

多頭趨勢重點小結

①**再上漲過前高（頭）**，多頭續勢。

②**多頭趨勢回檔，前面低點（底）沒有跌破後再上漲。**

③**再上漲沒有過前高（頭）**，出現頭頭低，代表趨勢改變。

圖 **2-2-2**　　頭頭高、底底高的多頭趨勢

資料來源：技術面選股王

空頭趨勢研判　反彈未過前高 下跌破前低

　　了解多頭趨勢的行進原則，再來研判空頭趨勢，空頭趨勢的特色是「頭頭低、底底低」，指空頭下跌之後，股價反彈都沒有突破前面轉折高點，之後再下跌把前低跌破，我們一樣透過下方的圖形來說明。

　　如圖位置①空頭再下跌後出現一根黑K棒，收盤跌破前面轉折低點，這一跌破就代表空頭續勢，若此時手上持有空單自然是續抱。

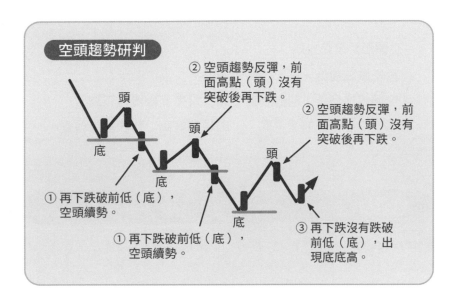

位置②是空頭趨勢反彈，代表手上持有空單的投資人短線上獲利了結，所以股價會上漲，一旦上漲就要特別留意一個重要位置，也就是前面轉折高點有沒有突破，如果沒有突破，之後又出現一根黑 K 棒往下，那麼就出現頭頭低。

依上所述，一檔股票出現這樣的頭頭低、底底低走勢，就是空頭趨勢的股票（見圖 2-2-3），只要這樣的慣性沒有改變，空頭就會持續。

一直到位置③出現變化，儘管是空頭再下跌，但前面低點沒有跌破，還出現一根紅 K 棒上漲形成底底高，代表空頭趨勢改變，這檔股票不再是空頭，進入盤整趨勢了。

① 再下跌破前低（底），空頭續勢。

② 空頭趨勢反彈，前面高點（頭）沒有突破後再下跌。

③ 再下跌沒有破前低（底），出現底底高，代表趨勢改變。

圖 2-2-3　頭頭低、底底低的空頭趨勢

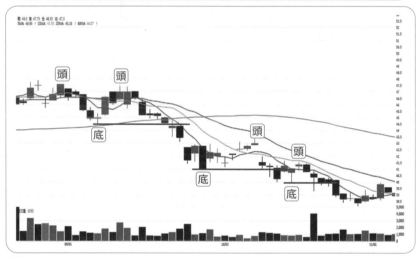

資料來源：技術面選股王

盤整趨勢研判　漲跌交錯 觀察 2 型態

還有一部分的股票走勢，既不是多頭也不是空頭，那就視

為盤整趨勢。盤整趨勢的最大特色,就是股價走勢漲跌交錯,沒有一個方向準則,所以經常有很多投資人不明就裡,在盤整區間內找一個看似多頭確認的位置進場,卻忽略掉技術分析圖上的壓力;同樣的,盤整區間也會有一個看似是空頭確認的進場位置,但是股價下跌沒幾天,就遇到技術分析圖上的支撐而不再下跌。

如此一來,很容易造成我們常說的一進場就被巴來巴去,還有投資人會因此生氣,認為是主力跟他作對。其實主力根本不知道是誰進場買股票或賣股票,會造成這種結果的原因,就是這檔股票趨勢進入盤整盤了,而盤整盤可分為 2 大類:

①三角形盤整

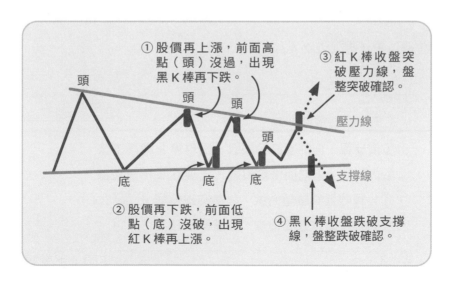

① 股價再上漲,前面高點(頭)沒過,出現黑 K 棒再下跌。

③ 紅 K 棒收盤突破壓力線,盤整突破確認。

頭

頭　頭

頭

壓力線

底　　底　　底

支撐線

② 股價再下跌,前面低點(底)沒破,出現紅 K 棒再上漲。

④ 黑 K 棒收盤跌破支撐線,盤整跌破確認。

如圖位置①股價反彈，但前高（頭）都沒有突破，在位置②出現股價回檔遇到前低（底）也都有支撐，如此在趨勢上形成「頭頭低、底底高」的盤整，我們稱這樣的盤整趨勢為「三角形盤整」。

　　一旦發現股票趨勢變成三角形盤整，就要馬上把2個頭的最高點連成1條切線，我們稱為「壓力線」，同樣的也要把2個底的最低點連成1條切線，稱為「支撐線」。一旦支撐線跟壓力線畫好，就表示股票趨勢已經進入盤整，當然就不能操作了，此時只能耐心等待。

　　後續一旦出現一根實體長紅棒，如圖上位置③，盤整突破確認，就會是一個多單進場位置；反之，如果後續股價出現一根長黑K棒，如圖上位置④，盤整跌破確認，就會是一個空單進場位置（見圖2-2-4）。

（三角形盤整重點小結）

①股價反彈，但前面高點未過，出現黑K棒再下跌。

②股價回檔，但前面低點沒破，出現紅K棒再上漲。

③紅K棒收盤突破壓力線，盤整突破確認。

④黑K棒收盤跌破支撐線，盤整跌破確認。

圖 **2-2-4**　　　　盤整跌破 股價續跌

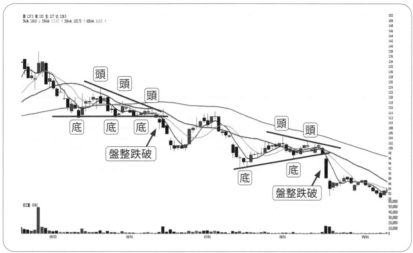

資料來源：技術面選股王

②喇叭型盤整

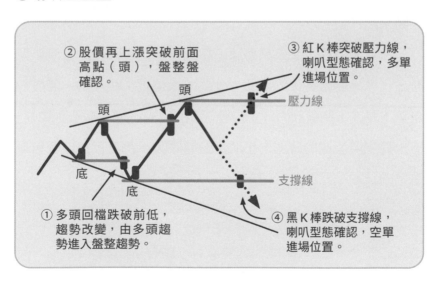

② 股價再上漲突破前面高點（頭），盤整盤確認。

③ 紅K棒突破壓力線，喇叭型態確認，多單進場位置。

頭

頭

壓力線

底

底

支撐線

① 多頭回檔跌破前低，趨勢改變，由多頭趨勢進入盤整趨勢。

④ 黑K棒跌破支撐線，喇叭型態確認，空單進場位置。

另外還有一種常見的盤整是「頭頭高、底底低」，我們稱這樣的盤整型態為「喇叭型盤整」。

喇叭型的盤整型態是多數投資人比較不容易辨識的，因為這個趨勢是多頭回檔後跌破前面低點，而造成的趨勢改變，投資人若是沒有把轉折點確認仔細，很容易誤以為只是單純的多頭回檔。

多頭趨勢回檔跌破前面轉折低，代表這一波下跌的空方力道相當強勁，如圖位置①，後續再上漲要特別留意股價走勢，會有 2 種可能的走法。

再上漲過前高，如圖位置②，就是底底低、頭頭高的盤整盤，也就是喇叭型態盤整，一發現股價趨勢出現喇叭型態的盤整，要馬上將壓力線及支撐線畫好，此時股價容易在這 2 條線之間來回移動。

一旦股價往上突破壓力線，如圖位置③，就確認是喇叭型態，也就是盤整突破的確認，多單可以進場；相反的，若股價走勢不是往上突破壓力線，而是向下跌破支撐線，如圖位置④，這也是喇叭型態的確認，也稱為盤整跌破，那麼就是空單可以進場的位置（見圖 2-2-5）。

喇叭型盤整重點小結

①多頭回檔跌破前低，趨勢改變，由多頭進入盤整趨勢。

②股價反彈突破前高，盤整盤確認。

③紅 K 棒收盤突破壓力線，喇叭型態確認，多單進場位置。

④黑 K 棒收盤跌破支撐線，喇叭型態確認，空單進場位置。

圖 **2-2-5** 頭頭高、底底低 呈喇叭型盤整

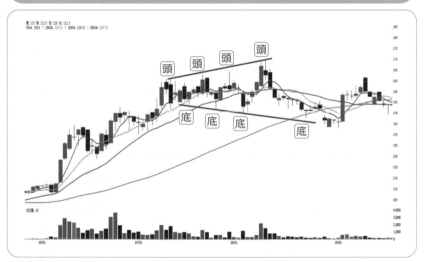

資料來源：技術面選股王

　　若喇叭型盤整再上漲時前高沒過，後續出現黑 K 收盤往下的頭頭低，趨勢就變成底底低、頭頭低的空頭確認了。

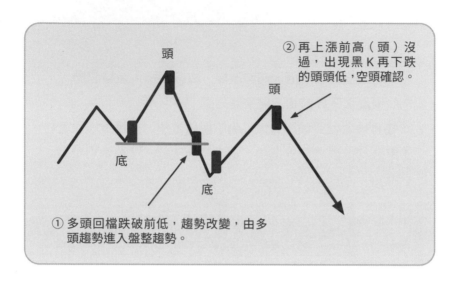

② 再上漲前高（頭）沒過，出現黑 K 再下跌的頭頭低，空頭確認。

頭

頭

底

底

① 多頭回檔跌破前低，趨勢改變，由多頭趨勢進入盤整趨勢。

　　位置①為多頭回檔跌破前低，趨勢改變，由多頭進入盤整趨勢。位置②是股價反彈前高未過，出現黑 K 下跌的頭頭低，空頭確認（見圖 2-2-6）。

　　經過上述的詳細說明，我們對趨勢就有更深一層的了解，如此就能夠確認趨勢、掌握趨勢，進而順勢操作、順勢獲利。

　　這對身為散戶的我們來說，是非常重要的練習，因為散戶在金融市場獲取資訊的能力，是最弱勢的一群，往往都是利多或利空消息見報了，才知道發生什麼事，因此把技術分析學好，把股票趨勢確認清楚，才是散戶在股市操作的重要關鍵。

圖 **2-2-6**　　　　盤整後前高未過 轉空頭趨勢

資料來源：技術面選股王

① 多頭確認。

② 多頭回檔破前低，趨勢改變。

③ 股價再反彈，但未過前高，出現頭頭低，空頭確認。

做錯方向慘賠 操作要順應趨勢

2023 年農曆春節後發生一件令人難過的事情,「股民傳放空東哥遊艇慘賠」這個新聞一出來,在各大社群中引起高度討論,多數人的留言都是「做空真可怕呀!」也有人留言「做股票真是會害死人啊!」

看到這個訊息,我內心是非常難過,為什麼用難過來形容,因為投資人進股市的最終目的,都是為了要賺錢獲利,然而,若是沒有把趨勢確認清楚就貿然進場,最終非常容易落得賠錢的下場。

我們試著從技術分析圖來觀察東哥遊艇(8478)這檔股票,在事件發生當下是否有一個可以做空單的位置。

由圖 2-2-7 可以看出來,在消息見報之前,東哥遊艇的走勢是一個底底高、紅 K 棒收盤過前高的多頭趨勢(圖上位置①),多頭確認之後股價連續強力上漲,一直到新聞媒體報導當天,才出現一根實體長黑 K 吞噬(圖上位置②),手上的多單即使到這一天才出場,也都還有獲利。這樣看來,顯然是該股民做錯方向了。

雖然我們不知道他是基於什麼理由進場做空單,但藉著這個事件我們可以提醒自己,要進場之前、要下單之前,一定要

圖 **2-2-7**　　　東哥遊艇多頭續強 不宜持空單

資料來源：技術面選股王

① 2023 年 1 月 6 日出現底底高，紅 K 棒收盤過前高，多頭確認，符合多單進場條件。

② 2023 年 1 月 31 日新聞報導投資人因放空東哥遊艇慘賠，從圖上看到位置①進場後，連續 2 日股價強漲，顯然在 1 月 6 日空單進場是個錯誤策略。

再三確認趨勢。多頭趨勢只做多單，空頭趨勢只做空單，一旦趨勢確認是盤整，就不進場，等待方向。

趨勢行進中 找到不同進場位置

趨勢確認後，接下來的「位置」就重要了，這也是大多數人的問題，也就是到底要在哪個位置進場？我們可以透過趨勢圖來說明。

多頭進場位置

2-1 章節已經有提到多頭趨勢的 3 個位置，接下來將進一步說明各個位置會遇到的轉折。

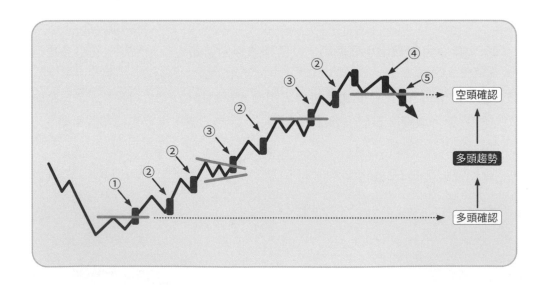

　　這是一個標準的多頭趨勢圖，趨勢中幾個進場位置的說明如下：位置①的紅 K 棒符合多頭確認的條件，也就是底底高的紅 K 棒收盤，且站上前面的轉折高點——多頭確認是第一個多單可以進場的位置。

　　股票上漲過程中多單不進場，待多頭回檔後，等待再一次的回後上漲，如圖上位置②的紅 K 棒。

　　當股價到了相對高檔，主力經常先獲利了結一趟，此時股價進入盤整，如圖上位置③，待盤整往上突破，代表多頭續勢，股價容易往上再攻一波，我們當然要順勢進場操作。

　　多頭趨勢中一旦出現股價反彈未過前面高點（頭）的黑 K 棒，如圖上位置④，就是頭頭低趨勢，誠如前面提到，若趨勢改變之後出現回檔再破前低，就是空頭確認，如如圖上位置⑤，這時候多單就要停止操作了。

多頭趨勢確認後的進場位置

①**多頭確認的進場位置。**

②**多頭上漲後的回檔，等待回後買上漲。**

③**多頭趨勢行進間出現盤整，待盤整突破後順勢進場。**

從底部多頭確認，一直到高檔空頭確認，這一段的股價走勢，稱為「多頭趨勢」。

空頭進場位置

接著來討論空頭趨勢的進場位置如何確認。

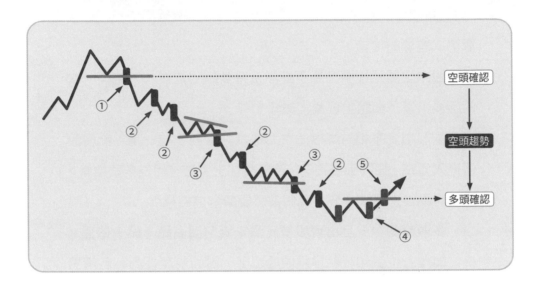

這是一個標準的空頭趨勢走勢圖，趨勢中幾個進場位置的說明如下：位置①的黑K棒符合空頭確認的條件，也就是頭頭低，之後出現一根黑K棒收盤跌破前面轉折低──空頭確認是第一個空單可以進場的位置。

股票下跌過程中空單不進場，待空頭反彈後，等待再一次的彈後下跌，如圖上位置②的黑K棒。

當股價到了相對低檔，主力經常先獲利空單回補一趟，此時股價進入盤整，如圖上位置③，待盤整往下跌破，代表空頭

續勢，股價容易往下再跌一波，當然也要順勢進場操作。

　　空頭趨勢中一旦出現股價下跌未破前面低點（底）的向上反彈紅 K 棒，如圖上位置④，就是底底高趨勢改變，如前面提到的，若趨勢改變之後出現反彈過前高，就是多頭確認，如圖上位置⑤，這時候空單就要停止操作了。

　　空頭趨勢確認後的進場位置

①空頭確認的進場位置。

②空頭下跌後反彈，等待彈後空下跌。

③空頭趨勢行進間出現盤整，待盤整跌破後順勢進場。

從頭部空頭確認，一直到低檔多頭確認，這一段的股價走勢，稱為「空頭趨勢」。

2-3

看懂關鍵 K 棒
抓住多空轉折點

經過前面趨勢轉折及進場位置的說明,不知道各位有沒有發現在每一個轉折的地方,都會出現一根或數根確認轉折的 K 棒,這樣的 K 棒就稱為關鍵 K 棒。在了解關鍵 K 棒之前,一定要先了解 K 棒是如何形成的。

認識 K 棒 掌握 4 個價格

圖 2-3-1 是耕興(6146)在 2023 年 3 月 15 日的走勢,左圖是當天交易的走勢圖,也稱為江波圖,右圖為 K 線圖,最後一根紅 K 棒(最右邊),則是 3 月 15 日當天收盤後的 K 棒。

圖 **2-3-1**　　　　　　　　紅 K 棒組成範例

資料來源：XQ 全球贏家

左圖與右圖的編號相對應，以下將就這些位置進行說明。

① 左圖：當日 09:00 的「開盤價」，價格為 261.5 元；右圖：開盤 261.5 元的位置。

② 左圖：當日 13:30 的「收盤價」，價格為 267 元；右圖：收盤 267 元的位置。

③ 左圖：當日 12:38 與 12:50 這 2 個時間出現盤中「最高價」，價格為 269 元；右圖：最高價 269 元的位置。

④ 左圖：當日 09:17 出現盤中「最低價」，價格為 258.5 元；右圖：最低價 258.5 元的位置。

這 4 個價格組合起來，就形成一根紅 K 棒。

圖 2-3-2　　　　　　　　黑 K 棒組成範例

資料來源：XQ 全球贏家

接著再來看看黑 K 棒的範例，圖為凌群（2453）在 2023 年 3 月 15 日的走勢。

① 左圖：當日 09:00 的「開盤價」，價格為 61.6 元；右圖：開盤 61.6 元的位置。

② 左圖：當日 13:30 的「收盤價」，價格為 59.3 元；右圖：收盤 59.3 元的位置。

③ 左圖：當日 09:06 出現盤中「最高價」，價格為 62.4 元；右圖：最高價 62.4 元的位置。

④ 左圖：當日 12:59 出現盤中「最低價」，價格為 58.1 元；右圖：最低價 58.1 元的位置。

這 4 個價格組合起來，就形成一根黑 K 棒。

圖 2-3-2　　　　　　　　黑 K 棒組成範例

資料來源：XQ 全球贏家

接著再來看看黑 K 棒的範例，圖為凌群（2453）在 2023 年 3 月 15 日的走勢。

① 左圖：當日 09:00 的「開盤價」，價格為 61.6 元；右圖：開盤 61.6 元的位置。

② 左圖：當日 13:30 的「收盤價」，價格為 59.3 元；右圖：收盤 59.3 元的位置。

③ 左圖：當日 09:06 出現盤中「最高價」，價格為 62.4 元；右圖：最高價 62.4 元的位置。

④ 左圖：當日 12:59 出現盤中「最低價」，價格為 58.1 元；右圖：最低價 58.1 元的位置。

這 4 個價格組合起來，就形成一根黑 K 棒。

　　華爾街投機之王傑西・李佛摩曾說：「不管是在什麼時候，我都會耐心等待市場到達我認為的『關鍵點』，只有到了這個時候，我才開始進場交易，在我的操作中，只要堅持這樣做，總能賺到錢。」

　　傑西・李佛摩在書中提到的關鍵點，可以解讀成「關鍵 K 棒」。透過上述說明可以了解到，一天當中的股價走勢有 4 個重要價格，把這 4 個重要價格匯集在 1 根 K 棒上面，就可以清楚知道當天交易人對股市的看法，也充分反映出基本面、籌碼面、消息面或是主力當下的心態。如此一來，就可以研判 K 棒及其後續走勢，尋找股票漲跌的蛛絲馬跡。

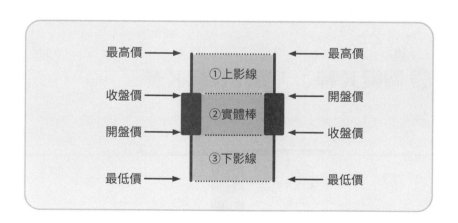

　　K 棒的組成是由開盤價、收盤價、盤中最高價、盤中最低價所組成的，各種型態判別方式如下：

① K 棒顏色

紅 K 棒：收盤價高於開盤價，代表開低走高。

黑 K 棒：收盤價低於開盤價，代表開高走低。

② 上影線

紅 K 棒上影線是最高價跟收盤價中間的距離。

黑 K 棒上影線是最高價跟開盤價中間的距離。

③ 下影線

紅 K 棒下影線是最低價跟開盤價中間的距離。

黑 K 棒下影線是最低價跟收盤價中間的距離。

④ 實體棒

是開盤價與收盤價中間的距離。

〽 關鍵 K 棒①：實體長紅 K 棒

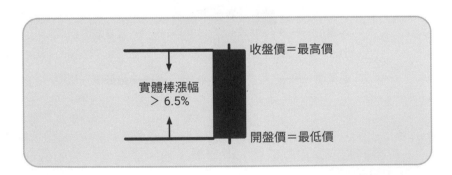

　　實體長紅 K 棒的條件是，收盤價等於最高價，開盤價等於最低價，不能有上影線及下影線，如果有，也必須是很短的影線，另外實體部分的漲幅必須大於 6.5%。

　　就單一長紅 K 棒來看，當天是開低走高且收高，代表多方力道強、買盤強勁，但到底是大戶買進還是散戶進場，要同時觀察趨勢位置，不同位置代表的意義不同，對後續股價趨勢的解讀也不相同，接下來將介紹在 5 個位置出現的實體長紅 K 棒及其代表意義。

①底部打底

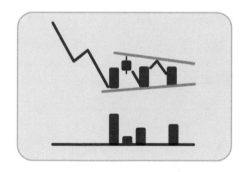

　　空頭趨勢低檔，出現打底的實體長紅 K 棒，可以視為主力低檔布局，會伴隨一些大量。因為還在打底，所以多單不能進場，可以鎖股觀察。

②多頭確認

　　這是一根重要的關鍵 K 棒，也是多頭趨勢確認的第一根紅
K 棒。確認重點為：趨勢底底高，實體長紅棒收盤價站上前面
轉折高點，或是收盤價突破盤整區間的壓力線，通常會伴隨較
大的成交量。出現這種關鍵 K 棒，要把握機會進場做多。

③多頭回檔後再上漲

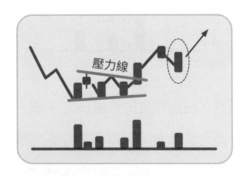

　　股價回檔未跌破前面轉折低點，再上漲形成底底高代表多
頭續漲。這是多單可進場的紅 K 棒，稱為「多頭回後買上漲」。

④多頭上漲行進間

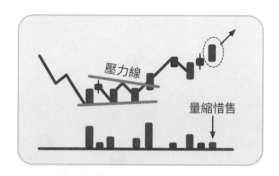

　　多頭上漲行進間出現的實體長紅棒，代表多頭持續強勢，操作策略為多單續抱，後續容易再見高點。

⑤多頭高檔

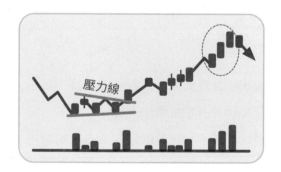

　　股價已經漲到多頭高檔，要特別留意成交量是否爆大量，無論是 1 根 K 棒爆大量或連續幾根 K 棒爆大量，之後股價上漲不再過高甚至下跌，就要提防是否為散戶追高，而主力趁機高檔大量出貨。

圖 **2-3-3**　不同位置的實體長紅 K 棒 意義不同

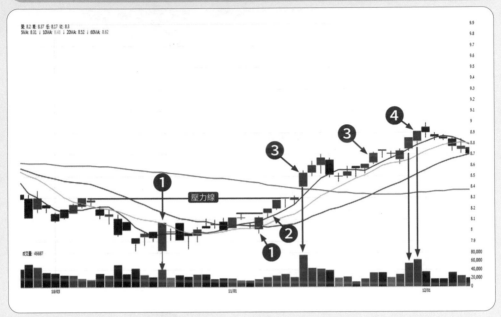

資料來源：技術面選股王

① 底部打底的紅 K 棒出現大成交量，代表主力進貨，此時多單還不能進場。

② 多頭確認的關鍵紅 K 棒，宜把握時機進場。

③ 多頭行進間的實體紅 K 棒，代表多頭續漲，多單可續抱。

④ 多頭相對高檔連續上漲的實體紅 K 棒，出現大量後股價不漲就會回檔了。

⚒ 關鍵 K 棒②：實體長黑 K 棒

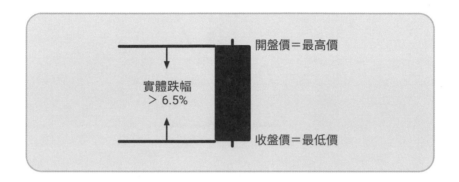

開盤價＝最高價

實體跌幅
＞ 6.5%

收盤價＝最低價

　　實體長黑 K 棒的條件是開盤價等於最高價，收盤價等於最低價，不能有上影線及下影線，如果有，也必須是很短的影線，另外實體部分的跌幅必須大於 6.5%。

　　就單一長黑 K 棒來看，當天是開高走低且收低，代表當天空方力道強、賣壓強勁，但到底是大戶賣股票還是散戶追殺，同樣需要觀察趨勢位置，因為不同位置出現的黑 K 棒代表意義不同，也會影響到對後續股價趨勢的解讀。

　　接下來將介紹在 5 個位置出現的實體長黑 K 棒及其代表意義。

①多頭趨勢行進間

　　多頭趨勢行進間出現的實體長黑 K 棒，代表漲多回檔，此時觀察多頭趨勢是否持續進行，如果多頭續勢，該黑 K 棒的賣壓容易減弱，若搭配黑 K 量縮，則是多頭回檔後準備再做多。

②多頭高檔

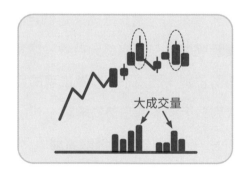

大成交量

　　多頭高檔出現的實體長黑 K 棒，多半是止漲訊號，如果同時出現大量，則要提防主力出貨，要特別觀察接下來的走勢，一旦出現股價不漲或反彈未過前高，就容易回檔或趨勢改變。

③空頭確認

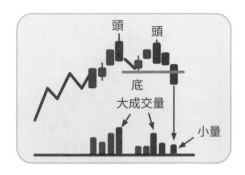

　　這是一根重要的關鍵 K 棒，也是空頭趨勢確認的第一根黑
K 棒。確認重點為：趨勢頭頭低，實體長黑棒收盤價跌破前面
轉折低點，或是收盤價跌破盤整區間的支撐線。出現這種關鍵
K 棒，要把握機會進場做空。

④空頭下跌行進間

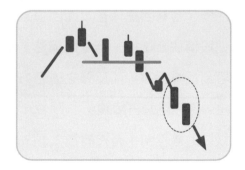

　　空頭趨勢連續出現的長黑 K 棒，都是代表空頭持續強勁，
只要沒有出現止跌 K 棒，都是空單續抱。

⑤連續急跌

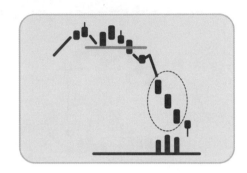

　　如果急跌的長黑 K 棒同時爆量或連續爆量，股價容易出現止跌 K 棒，後續有機會反彈。

🔗 抓住轉折關鍵 K 棒 預判漲跌方向

　　多頭趨勢漲多了容易回檔修正，而回檔之後又會有買方的多頭力道，再把股價往上拉抬，讓多頭續漲。相同的道理，空頭趨勢跌深後容易反彈上漲，而反彈之後空方力道又會出現，把股價再往下拉，導致空頭再續跌。

　　在這漲漲跌跌的過程中，有沒有辦法預先知道一個上漲波的股價即將止漲了？或一個下跌波的股價即將止跌了？

　　其實我們可以透過「轉折 K 棒」，觀察趨勢中即將止漲或止跌的訊號。若能提早發現這些 K 棒訊號，同時預作準備，相

圖 **2-3-4** 不同位置的實體長黑 K 棒 意義不同

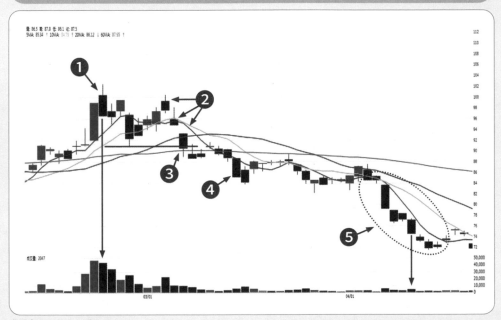

資料來源：技術面選股王

① 多頭高檔出現長黑 K 棒伴隨大量，可判斷是主力出貨訊號，手上有多單宜準備停利出場。

② 第 2 個頭出現連續 3 根黑 K 棒，代表多頭趨勢回後再上漲，又遇到主力出貨的賣壓。

③ 黑 K 棒收盤跌破前面轉折低點，空頭確認。

④ 空頭趨勢行進間出現的黑 K 棒，代表空頭續勢。

⑤ 空頭趨勢出現連續黑 K 棒下跌，出現「止跌變盤線」訊號（後續將進一步說明變盤線），則股價容易反彈。

信一定可以抓到股價漲跌的脈動，接下來將介紹轉折 K 棒的 3
種組合。

> 轉折 K 棒 3 種組合
> ①單一轉折 K 棒。
> ②2 根 K 棒組合形成的轉折 K 棒。
> ③3 根 K 棒組合形成的轉折 K 棒。

　　無論哪一種組合，只要在趨勢中發現了，就要提高警覺，
預做準備。飆股上校朱家泓老師曾說：「趨勢中，不忘轉折。」
這句話的意思就是說，無論是多頭或空頭趨勢，一旦出現多頭
回檔或空頭反彈，都會發現轉折 K 棒的蹤跡。

單一轉折 K 棒①　T 字線、倒 T 字線

　　單一轉折 K 棒也就是常聽到的「變盤線訊號」，常見的
種類如 T 字線及倒 T 字線，上影線或下影線很長，至少是實

體部分的 2 倍以上，無論是紅 K 棒或是黑 K 棒，判斷方式都是一樣的。

　　在多頭高檔或是空頭低檔，經常會出現這樣一組 T 字線和倒 T 字線的變盤線訊號。如果是出現在多頭高檔，代表漲勢受阻；如果出現在空頭低檔，則代表出現止跌機會，要特別留意次日或次幾日的股價走勢，是否出現反轉 K 棒。

　　以圖 2-3-5 為例，這是一檔多頭趨勢股票的技術分析圖，圖上出現好幾個趨勢轉折的變盤線訊號。

　　不僅是多頭趨勢，空頭趨勢中也都可以找到轉折 K 棒的蹤跡。如圖 2-3-6，我們一樣可以在圖上找到轉折 K 棒。

圖 **2-3-5**　　出現 T 字變盤訊號 留意後續走勢

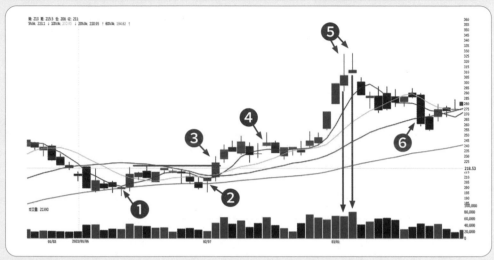

資料來源：技術面選股王

① 趨勢下跌中出現紅 K 棒 T 字變盤線，次日股價開高走高，收盤站上 5 日均線，代表變盤確認，空頭反彈。

② 趨勢反彈後再下跌，遇到前面位置①的轉折低點，同樣出現紅 K 棒 T 字變盤線，次日股價一樣開高走高，收高同時也站上 5 日均線，代表轉折確認，股價反彈。此時研判趨勢，發現已經出現底底高，空頭趨勢改變進入盤整。

③ 實體長紅棒收盤突破前面轉折高點，多頭確認。

④ 多頭行進間出現倒 T 字線，次日黑 K 下跌，股價進入盤整。

⑤ 多頭上漲到高檔出現連續 2 根倒 T 變盤線，仔細觀察發現同時有大成交量出現，代表這 2 天盤中股價上漲都出現賣壓，可以先視為高檔主力出貨的訊號，手上若持有多單要準備停利。後續幾天出現實體黑 K 代表轉折確認，多頭要回檔了。

⑥ 黑 K 棒跌破前面轉折低點，空頭趨勢確認。

圖 **2-3-6** 倒 T 字線後收黑 K 棒 趨勢轉折向下

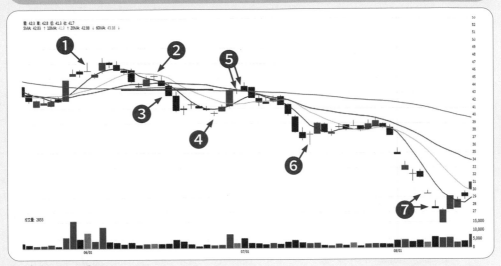

資料來源：技術面選股王

① 股價上漲出現倒 T 變盤線，後續收盤價都沒有再漲過倒 T 變盤線的最高點，代表這個變盤線有賣壓。

② 多頭趨勢回檔後再上漲，遇到 10 日均線出現十字變盤線，代表遇到 10 日均線有賣壓。

③ 黑 K 棒跌破前面轉折低點，空頭確認。

④ 空頭下跌後出現十字變盤線，次日收紅 K 棒，止跌轉折確認，空頭趨勢反彈。

⑤ 反彈後出現十字變盤線、倒 T 字線，後續股價收黑 K 棒，轉折再向下，是空頭彈後再下跌。

⑥ 空頭下跌又出現十字變盤線，次日一樣收一根紅 K 棒，轉折確認，股價再反彈。

⑦ 空頭趨勢低檔出現連續下跌的倒 T 變盤線，之後出現一根實體長紅棒是空頭低檔的止跌 K 棒訊號，股價若沒有再破低則容易反彈。

單一轉折 K 棒② **紡錘線**

長紡錘線　　　蜻蜓線　　　天劍線

　　接下來的這組紡錘線，也是經常看到的變盤線組合，其特徵為較長的上影線或下影線，可以是紅 K 棒，也可以是黑 K 棒。紡錘線代表當日多空拉鋸激烈，其中長紡錘線，無論是出現在多頭高檔或空頭低檔，都必須要觀察次日走勢，才能確認多空轉折的結果。

　　蜻蜓線與天劍線則是非常重要的變盤訊號，如果當日出現爆大量後股價下跌，代表強力轉折確認，日後股價若再上漲也很難突破這 2 種 K 棒的高點，因此形成重要壓力。

　　以圖 2-3-7 為例，這是一檔多頭趨勢股票的技術分析圖，圖上出現好幾個趨勢轉折的變盤線訊號。

圖 2-3-7 黑 K 天劍線形成重要壓力 股價難突破

資料來源：技術面選股王

① 出現大量天劍線是一個重要的轉折 K 棒訊號。

② 收盤再站上位置①的高點，多頭續漲。

③ 多頭高檔出現黑 K 天劍線，次日股價收長黑 K 代表轉折確認，日後該天劍線的高點是一個重要壓力。

④ 股價下跌到相對低檔位置，出現低檔蜻蜓線是止跌訊號。

⑤ 反彈後再下跌，遇到位置④的蜻蜓線低點有支撐，出現第二根低檔蜻蜓線，止跌再度確認，次日收紅 K 棒轉折向上，趨勢開始打底，接著轉成多頭上漲趨勢。

⑥ 多頭趨勢再上漲遇到前方高檔天劍線壓力，又出現變盤線，代表漲勢受阻，股價又有機會轉折向下。

⑦ 月線之下，多頭回檔破前低，趨勢改變。

2 根 K 棒的轉折組合① 左長紅、右長黑

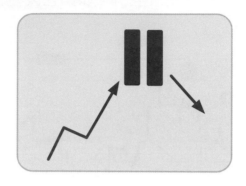

　　前日是一根實體長紅 K 棒，代表多方力道強勁，照理說應該要是多頭續漲，不料次日卻出現一根幾乎同樣大小的實體長黑 K，把前日的多頭力道一舉打消。這是一組轉折向下的重要 K 棒組合，以 2 根 K 棒相對位置的不同，還可以區分如下：

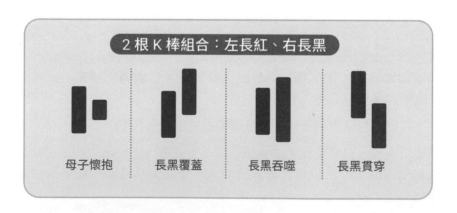

2 根 K 棒組合：左長紅、右長黑

| 母子懷抱 | 長黑覆蓋 | 長黑吞噬 | 長黑貫穿 |

2 根 K 棒的轉折組合② 左長黑、右長紅

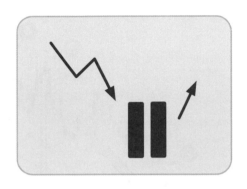

前日是一根實體長黑 K 棒,代表空方力道強勁,照理說應該要是空頭續跌,但次日卻出現一根幾乎同樣大小的實體長紅 K 棒,完全克服前日的空頭力道。這是一組轉折向上的重要 K 棒組合,以 2 根 K 棒相對位置的不同,還可以區分如下:

2 根 K 棒組合:左長黑、右長紅

| 母子懷抱 | 長紅覆蓋 | 長紅吞噬 | 長紅貫穿 |

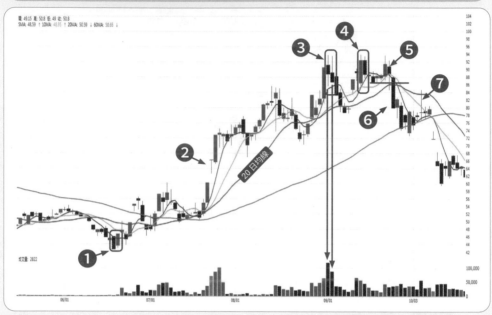

圖 2-3-8 多頭高檔出現變盤線訊號 趨勢轉折向下

資料來源：技術面選股王

① 空頭下跌到低檔出現「長紅貫穿」，後續股價不再下跌，是一組低檔止跌 K 棒訊號。

② 多頭行進間出現 T 字變盤線，次日收一根大量長紅 K 棒，股價再過變盤線高點，多頭續漲。

③ 多頭高檔出現連續 2 根超大量變盤線，一根是長紡錘線，另一根則是倒 T 變盤線，次日收黑 K 棒下跌，多頭回檔確認。

④ 回檔後再上漲遇到位置③的變盤線高點壓力，出現高檔「母子懷抱」的 2 根變盤線訊號，此時要特別留意是否出現頭部。

⑤ 高檔第 3 個高點出現黑 K 長紡錘線，要特別注意次日股價走勢。

⑥ 次日開低收黑 K 棒，收盤跌破前面轉折低點，空頭確認。

⑦ 空頭反彈遇 20 日均線壓力，出現倒 T 變盤線，次日股價不漲就容易下跌。

3 根 K 棒的轉折組合① 高檔轉折向下

　　股價走勢到了多頭高檔出現長紅 K 棒，結果次日卻是一根變盤線，代表漲勢受阻，後續要盡速上漲，多頭趨勢才能持續。變盤線之後若出現長黑 K 棒，就如前所述，股價要回檔了，這一回檔會讓原本由多方控盤的局勢，轉成空方控盤。以下是常見的高檔 3 根 K 棒轉折向下組合，有時會超過 3 根以上的 K棒才完成轉折。

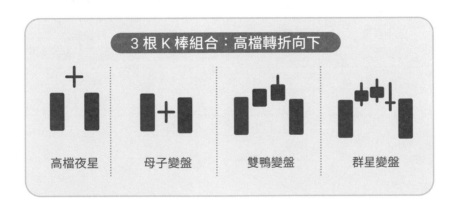

3 根 K 棒轉折組合② 低檔轉折向上

　　股價走勢到了空頭低檔出現長黑 K 棒，結果次日卻是一根變盤線，代表暫時有買盤進駐，後續盡速再下跌，空頭趨勢才能持續。變盤線之後若出現長紅 K 棒，就如前所述，股價要反彈了，這一上漲會讓原本由空方控盤的局勢轉為多方控盤。以

下是常見的低檔 3 根 K 棒轉折向上組合，有時會超過 3 根以上的 K 棒才完成轉折。

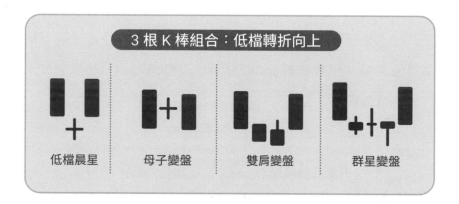

圖 **2-3-9** 低檔出現群星轉折 股價反轉向上

資料來源：技術面選股王

① 空頭低檔大量群星轉折，是重要的轉折 K 棒訊號，後續股價強力反彈站上
月線（20 日均線），且過前面轉折高點，趨勢改變。

② 前面趨勢由多頭進入盤整，轉成空頭再下跌後，出現群星變盤 K 線組合，
後續強力反彈過前高，趨勢再改變。

由上述 2 個位置可以看出來，一旦出現 K 棒組合訊號，後續股價轉折的機會就
大大增加了。

2-4

善用均線
看穿支撐與壓力價位

均線又稱移動平均線，均線在交易本質上，就是有一群人在一段時間內的目標一致、方向一致，即使股價有短暫時間往反方向走，也會因為一群人的力量，再把股價拉回原來的軌道上。

均線是許多技術分析初學者都能朗朗上口的「口訣」，例如葛蘭碧 8 大法則的 4 個做多進場位置、4 個做空進場位置，以及均線參數該如何設定，才能比別人早一步得知進場訊號，這些都是均線的運用方式。

如果深入了解均線形成的原理，以及其背後代表的方向力量是否持續或即將改變，有助於預測股價走勢。首先，要了解

「均線」是怎麼形成的，既然是一條線，那麼一定是由幾個「點」連接起來，這個「點」就是所謂的「均價」。有了這個概念，就可以自己畫出「均線」。

📈 搞懂均線原理 看穿多空力量

以 5 日均線為例，我們先計算出 5 日均價，也就是將最近 5 日的收盤價加總後，除以 5 得到的數字。以愛地雅（8933）這檔股票來觀察，2022 年 8 月 23 日的 5 日均價是 12.85 元。

> 計算公式＝（12.75 ＋ 12.7 ＋ 12.85 ＋ 12.8 ＋ 13.15）÷5
>   ＝ 12.85

圖 **2-4-1** 　愛地雅在 2022/8/23 的 5 日均價

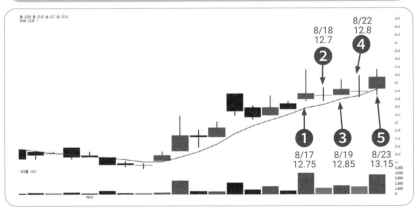

資料來源：技術面選股王

次個交易日（8 月 24 日）的 5 日均價為 13.19 元，是把 8 月 17 日的收盤價 12.75 元扣掉，同時加入 8 月 24 日的收盤價 14.45 元，一樣透過公式加總再除以 5。

圖 2-4-2　愛地雅在 2022/8/24 的 5 日均價

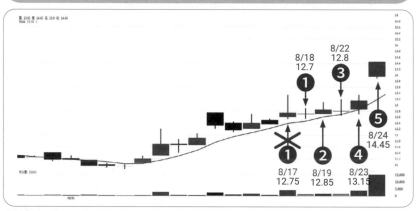

資料來源：技術面選股王

　　用同樣的方式就可以再算出 8 月 25 日的 5 日均價，後面以此類推，接著把每一個均價相連起來就形成 5 日均線了。

　　透過這個簡單的數學公式，我們有一個驚人的發現，一檔多頭股票每天的收盤價，持續比前 5 天的收盤價還要高，那麼圖形上 5 日均線的方向就會一直向上，即使有一天股價下跌，導致收盤價跌破 5 日均線，只要股價能在 1、2 天之內站回 5 日均線，則 5 日均線的方向依然會向上（見圖 2-4-3）。

圖 2-4-3　　股價 2 天內站回 5 日均線 多頭續漲

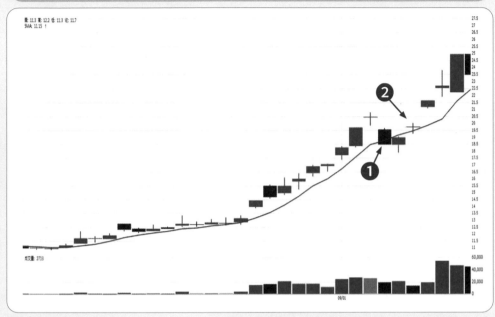

資料來源：技術面選股王

① 股價收盤跌破 5 日均線，但只要在 1～2 天內站回 5 日均線，則 5 日均線
的方向仍會持續向上。

② 收盤再度站上 5 日均線，多頭續漲。

這就是均線的力量。5 日均線就是一條 5 天平均成本線，當股價一直都在 5 日均線之上，就表示在這 5 天買的人都賺錢——股價每天都有人交易，也就是每天都有看好這檔股票未來會上漲因而買進的交易人。依照經濟學原理，當市場需求大，價格就會持續往上，當大家方向一致，群眾力量展現出來，股價就容易朝同一個方向行進。

　　同樣的道理也可以印證到 10 日均線、20 日均線或 60 日均線。像 5 日均線這樣的短期均線，是反映最近 5 天內群眾的偏多或偏空方向；若股價持續在 20 日均線之上，就表示在這 1 個月內進場買進股票的投資人都賺錢（因為 1 個月平均交易天數約為 20 ～ 22 天，所以 20 日均線也稱為「月線」；同理，60 日均線一般也稱為「季線」）。

　　未來，當我們要研判一檔多頭趨勢的股票是否續漲，就可以這麼觀察，若股價在 5 日均線之上，且 5 日均線向上推進，就代表最近 5 天內進場的多單都賺錢；如果同時 10 日均線也向上，就代表近 10 天內買進股票的多單也賺錢，更棒的是 20 日均線也持續向上，就表示這檔股票已經維持一段長時間的多頭走勢了，在這 20 天之內，無論是市場大資金的部位或是小散戶，大家都齊心協力，方向一致發揮群眾力量。

　　只要多頭方向沒有改變，短中長期均線方向一致向上，

同時量價配合得宜,就可以能夠掌握一波多頭上漲趨勢(見圖 2-4-4)。

圖 **2-4-4** 　4 條均線一致向上 多頭續漲

5 日、10 日、20 日、60 日
均線,4 條均線一致向上。

5 日均線

10 日均線

20 日均線

價跌量縮

60 日均線

價漲量增

資料來源:技術面選股王

活用均線 2 大功能:趨勢及撐壓

透過上述說明,可以知道技術分析圖的均線具有 2 大功能。

功能① **看出趨勢方向**

運用多條均線的排列,就可以知道趨勢方向。在技術分析圖上我們會運用到 4 條均線,依照參數區分為 5 日均線、10

日均線、20 日均線、60 日均線，運用的重點如下。

多頭趨勢均線：4 條均線多頭排列，稱為 4 線多排，一個 4 線多頭排列的股票，就均線的研判上，視為多頭趨勢的股票。什麼是 4 條均線多頭排列？也就是股價 > 5 日均線 > 10 日均線 > 20 日均線 > 60 日均線。

4 線多排的股票，每一條均線都有支撐的力量，依照慣性原理，趨勢容易持續往上，即使出現多頭回檔，股價跌破短天期均線（5 日均線、10 日均線），下方也會有長天期均線（20 日均線、60 日均線）的支撐。

當股價跌破均線，只要均線的方向仍然向上，就還有支撐的力量，可以把股價再往上拉抬，讓趨勢持續朝著多頭方向行進。特別的是，越多條數量的均線多頭排列，越能支撐股價長期上漲，因此 6 線多排的股票，上漲時間維持較久，可以鎖股做中長多（見圖 2-4-5）。

補充說明一下，6 線是指 5 日均線、10 日均線、20 日均線、60 日均線、120 日線、240 日均線。其中 20 日均線又稱為月線、60 日均線又稱為季線、120 日均線稱為半年線，240 日均線則稱為年線。

均線在實際運用上面，也就是當我們要運用走圖技巧做短多時，要在日線走勢圖上研判是否符合下面條件：

①趨勢要完成多頭架構，也就是波浪型態要符合「頭頭高、底底高」。

②股價收盤要站上 20 日均線，且 20 日均線方向要向上。

③均線至少要 3 線多頭排列（5 日、10 日、20 日），3 條均線方向都往上。

底部剛打底完成的多頭股票，經常不好操作且容易出現停損訊號，主要是因為 3 條均線還沒有整理成 3 線多頭排列，或是季線持續向下而造成的壓力，所以盡量等到均線完成 3 線多排或 4 線多排，做多就更容易成功上漲。

空頭趨勢均線： 相反的，如果是 4 條均線空頭排列，就稱為 4 線空排，一個 4 線空頭排列的股票，視為空頭趨勢的股票。什麼是 4 條均線空頭排列？也就是股價 < 5 日均線 < 10 日均線 < 20 日均線 < 60 日均線。

4 線空排的股票，每一條均線都有壓力，依照慣性原理，趨勢容易持續向下，即使出現空頭反彈，股價突破站上短天期均線（5 日均線、10 日均線），上方也會有長天期均線（20 日均線、60 日均線）持續壓著。

如果股價站上均線，只要均線的方向仍然向下，就會有向下的拉力，會把股價往下拉，讓趨勢持續朝空頭方向行進。特別的是，每條均線都往下，代表每條均線對股價都有壓力及助

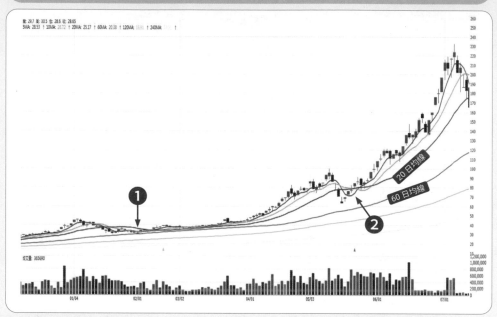

圖 **2-4-5** 均線呈 6 線多排 多頭續漲

資料來源：技術面選股王

① 這是一檔 6 線多排的股票，即使股價下跌了，如圖上位置①所示，遇到了一條向上的季線（60 日均線），此時季線就發揮支撐力道，把股價撐住，待趨勢整理後轉折向上，多頭持續。

② 這個位置也發現，即使股價快速回檔修正，跌破了月線（20 日均線），也會因為月線方向仍持續向上而有支撐，因此再把股價往上拉抬，多頭續漲。

跌作用,因此越多條的均線空排,越能造成股價長期下跌的壓力,所以 6 線空排的股票,下跌時間維持比較長久,這種股票可以鎖股做中長空(見圖 2-4-6)。

在實際運用上面,也就是當我們要運用走圖技巧做短空時,要在日線走勢圖上研判是否符合下面條件:

①趨勢要完成空頭架構,也就是波浪型態要符合「頭頭低、底底低」。

②股價收盤時要跌破 20 日均線之下,且 20 日均線方向要向下。

③均線至少要 3 線空頭排列(5 日、10 日、20 日),3 條均線方向都往下。

頭部盤頭剛完成的空頭股票,經常會發現做空很不好操作,主要是因為 3 條均線還沒有整理成 3 線空頭排列,或是季線方向仍朝上,尚有支撐力道,所以盡量等到均線完成 3 線空排或 4 線空排,這時做空更容易成功獲利。

圖 2-4-6　均線呈 6 線空排 空頭續跌

資料來源：技術面選股王

① 這是一檔 6 線空排的股票，即使股價一度上漲轉成短線多頭，位置①遇到向下季線（60 日均線）及向下半年線（120 日均線）還是有壓力，出現大量長黑 K 的賣壓，後續出現一個向下的跳空缺口，使股價又跌回到季線和半年線之下，空頭持續。

② 這個位置也發現，即使股價前面一度轉成短線多頭往上，遇到季線（60 日均線）還是有壓力，因為季線方向持續向下，甚至月線方向也轉成向下，均線再度 6 線空排，把股價再往下拉，空頭續跌。

功能②　判別支撐與壓力

　　均線也是一個重要的支撐或壓力，在多頭趨勢中，股價在「移動平均線」上方，則均線有支撐、助漲及減緩下跌黑K棒的力道。

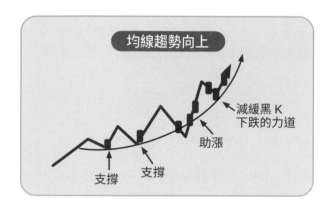

　　相反的，在空頭趨勢中，股價在「移動平均線」下方，則均線有壓力、止漲及減緩上漲紅K棒的力道。

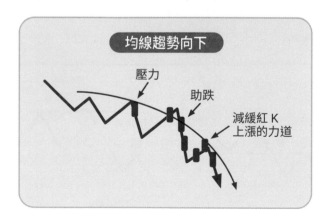

🕮 觀察支撐與壓力 揭開漲跌秘密

　　支撐與壓力在技術分析圖上就像一隻看不見的手，當股價向上期間突然出現止漲的 K 棒變盤線，後續再收黑 K 棒，就真的回檔不再漲了；而股價下跌之後，也會在技術分析圖上找到一根或數根止跌的變盤線，後續再收紅 K 棒，股價也真的開始反彈了。

　　這就是上漲遇到壓力，下跌遇到支撐。因此，如果可以預先知道支撐、壓力在哪，就可以提早做準備，進而掌握漲跌的脈動。技術分析圖上常見的支撐、壓力，可以歸納成以下 6 類。

①趨勢轉折高點：「頭」

　　當股價位在轉折高點（頭）上方，「高點」對股價有支撐作用，當股價回跌到此處時會遇到支撐；當股價位在轉折高點（頭）下方，「高點」對股價有壓力作用，當股價上漲到此處時會遇到壓力。

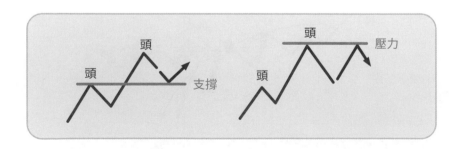

②**趨勢轉折低點:「底」**

　　當股價位在轉折低點(底)上方,「低點」對股價有支撐作用,當股價回跌到此處時會遇到支撐;當股價位在轉折低點(底)下方,「低點」對股價有壓力作用,當股價上漲到此處時會遇到壓力。

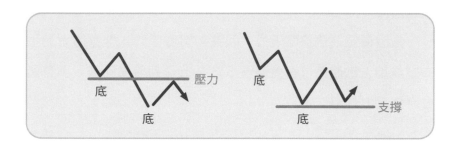

圖 2-4-7 實體長黑 K 跌破轉折低 支撐轉為壓力

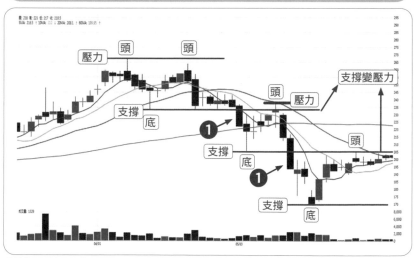

資料來源:技術面選股王

圖 2-4-7 可以明顯觀察到轉折高點「頭」是壓力，而轉折低點「底」是支撐。在位置①出現一根實體長黑 K 棒，跌破轉折低點「底」之後，支撐轉成下一次上升波的壓力。

③密集盤整區

　　盤整區盤整的時間越久，累積的成交量越大，對日後支撐與壓力的力道也越大。

　　當股價位在盤整區上方，回跌到盤整區時，盤整區會產生支撐作用；當股價位在盤整區下方，上漲到盤整區時，盤整區會產生壓力作用 。

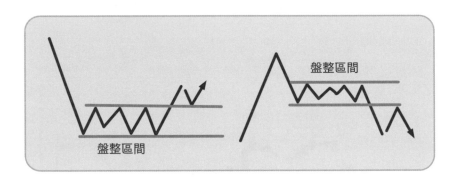

　　圖 2-4-8 可以看到，股價連續急跌後出現低檔盤整區間的止跌，後續當股價再度回到盤整區間，出現止跌的支撐力道，如圖位置①。

圖 **2-4-8** 股價回跌到盤整區 出現支撐力道

資料來源：技術面選股王

④上升切線與下降切線

　　股價位在上升切線上方，切線會有支撐作用；股價位在下降切線下面，切線會有壓力作用。

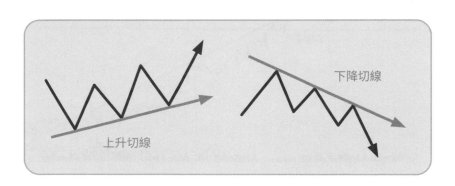

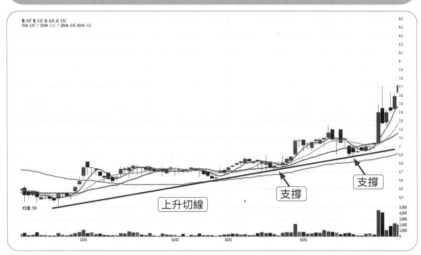

圖 2-4-9　股價回檔碰到上升切線 有支撐力道

資料來源：技術面選股王

圖 2-4-10　股價反彈遇到下降切線 有壓力阻擋

資料來源：技術面選股王

⑤移動平均線

　　股價在均線上方，且均線上揚，當股價跌到均線時，均線會有支撐作用；股價在均線下方，且均線下彎，當股價漲到均線時，均線會有壓力作用。圖 2-4-11 位置①，都是空頭反彈遇

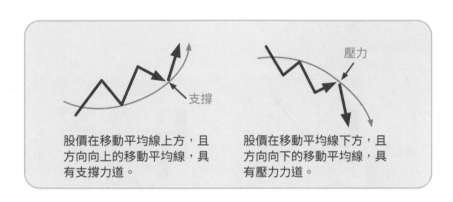

股價在移動平均線上方，且方向向上的移動平均線，具有支撐力道。

股價在移動平均線下方，且方向向下的移動平均線，具有壓力力道。

圖 **2-4-11**　20 日均線在不同位置 形成壓力與支撐

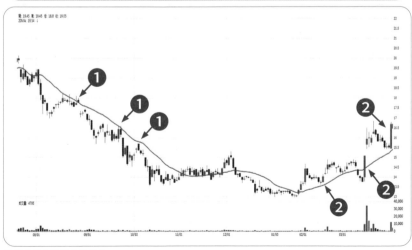

資料來源：技術面選股王

到向下的 20 日均線壓力，後續股價持續向下；位置②都是多
頭回檔遇到向上的 20 日均線支撐，後續股價持續向上。

⑥跳空缺口

　　股價位在跳空缺口上面，回跌到缺口區域，缺口會有支撐
作用；股價位在跳空缺口下面，上漲到缺口區域，缺口會有壓
力作用。

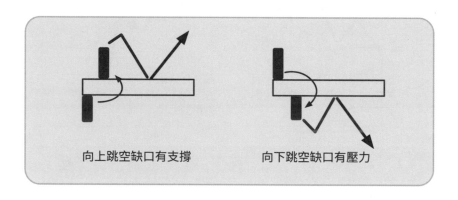

向上跳空缺口有支撐　　　　　　向下跳空缺口有壓力

　　在技術分析圖上，超大量的向上跳空缺口是一個重要支
撐，既然是重要支撐，就代表後續股價有任何回檔都要撐住，
不可以跌破。如圖 2-4-12 位置①出現一個超大量向上跳空缺
口，後續下跌被這個缺口撐住了，之後更出現一根大量實體長
紅 K 棒，股價再往上漲。

　　相同的，向下跳空缺口是重要壓力，即使趨勢轉成空頭，
後續反彈遇到這個向下跳空缺口都是重要壓力。圖 2-4-13 位置

圖 **2-4-12**　大量向上跳空缺口 形成重要支撐

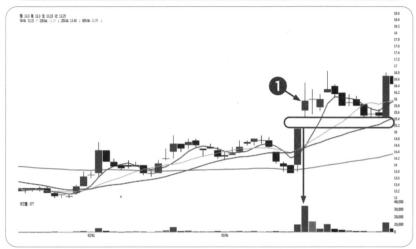

資料來源：技術面選股王

圖 **2-4-13**　向下跳空缺口 形成重要壓力

資料來源：技術面選股王

①出現一個向下跳空缺口，趨勢是空頭再下跌，但遇到季線有支撐，出現反彈。

　　但反彈馬上又遇到向下跳空缺口的壓力，出現 2 根長上影線的變盤訊號，代表這波反彈要變盤了，接著次日出現開低走低黑 K 棒，變盤確認，反彈後再下跌。

走圖筆記：

2-5
量價關係透玄機
判斷漲跌行情

成交量的研判在市場上眾說紛紜，有人認為有量，股價才會往上；也有人說價格上漲了，成交量就會出來。實際上，無論多頭、空頭或盤整趨勢，這兩種情形都會發生。

股價上漲或下跌，最重要的研判是確認趨勢，當多頭趨勢來了，有量就會上漲，沒量也會上漲，而空頭下跌更不需要成交量。

所以在價量上的研判以趨勢為主，成交量是市場在某一段時間的交易數量，由於交易量本身是屬於零和數字，有人買就代表有人賣，所以更正確的研判方式，就是把成交量的增減，當成是資金進出的狀況。

⚅ 走圖必學 釐清 7 種量價關係

在走圖操作策略中，經常運用的價量關係如下：

①底部爆量視為主力進貨量，低檔布局。但趨勢還在底部盤整，所以不能做多單，也不能做空單。

②盤整突破、多頭趨勢確認的大量實體長紅棒，可視為主力做多的攻擊訊號。成交量大代表攻擊力道強，後續股價就容易上漲，而大成交量的紅 K 棒，也是一根關鍵 K 棒，為多頭趨勢裡的重要支撐，因為這個大量代表主力進貨成本，自然不能被跌破，一旦跌破就容易引發停損賣壓。

③多頭趨勢回檔後出現大量再上漲，此大量是攻擊量，也可視為是進貨量，代表多頭回檔後再上漲，還有高點可以期待。

④多頭趨勢漲到相對高檔的位置，出現價量背離的現象就要提高警覺，高檔出現大成交量後股價沒有再上漲，甚至是出現下跌，這樣的大量就非常有可能是高檔主力出貨，這時手上持有多單的投資人就要準備停利了。

⑤空頭趨勢下跌，往往不需要搭配成交量觀察，因為有量會跌，沒量也會跌。

⑥空頭趨勢中出現紅 K 棒反彈，如果該紅 K 棒沒有量，則反彈力道薄弱，很容易再下跌；即使出現較大量的紅 K 棒反彈，

也會因為有均線壓力，導致反彈力道減弱，使股價再下跌。所以一旦股價處於空頭趨勢，千萬不要因為出現一根反彈大量的紅 K 棒就想進場搶反彈，下場往往會接到天上掉下來的刀子，傷痕累累。

⑦到了空頭趨勢相對低檔，是否有大量就非常重要了，這是空頭趨勢是否能止跌的重要研判訊號。如果空頭下跌到低檔，出現連續黑 K 棒下跌，同時伴隨大量，就要特別留意是否有止跌 K 棒。一般來說有大量止跌，後續若股價不再破低，就容易打底。

圖 2-5-1 以威盛（2388）為例，說明量價關係的走圖運用。

圖 2-5-1　　　量價關係運用 以威盛為例

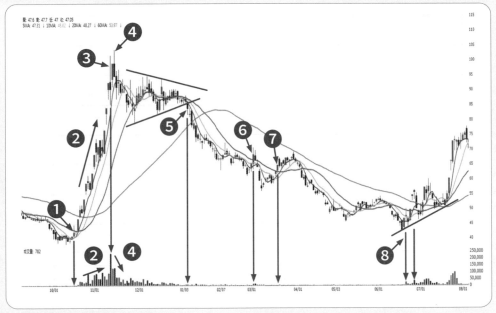

資料來源：技術面選股王

① 多頭確認，成交量不大。

② 後續隨多頭趨勢上漲，成交量不斷補上來，呈現正常的量價關係，也就是多頭上漲有量、回檔量縮。

③ 股價已從 40 元左右一口氣上漲到 100 元附近，漲幅達 1 倍以上，已經符合多頭趨勢高檔主力準備出貨的位置。位置③出現一根超長上下影線的紡錘 K 棒，同時伴隨著超大成交量，明顯表示當天已經出現多空強力拉鋸戰，有很多人買股票，但有更多人在賣股票，這樣多空激戰顯示出來的結果，就是超長上下影線外加爆大量。

④ 理論上來說，多頭趨勢漲到高檔會大量賣股票的人，以低檔就進場的主力大戶為主。可以從後續股價來印證，位置④之後都沒有再突破位置③的高點，不但如此，甚至跌破了 5 日均線，多頭回檔後再也沒有創新高了。

▼接下頁

145

⑤ 這個位置是盤整跌破的確認，也就是空頭確認的黑 K 棒一出現，股價開始下跌。仔細觀察可發現，之後一路下跌的過程中，完全沒有任何大量 K 棒。

⑥⑦即使在這 2 個位置出現實體長紅棒，有點帶量的空頭反彈，也因為均線向下有壓力，使股價繼續往下跌。

⑧ 到了這個位置情況有些改變了，趨勢還是空頭，但股價已經從 80 元左右跌了一半到 40 元左右，已經達到空頭趨勢相對低檔的位置。到了相對低檔一樣是紅 K 棒反彈，但卻出現大量，大量反彈讓股價站上均線，也出現底底高，趨勢就改變了。

走圖筆記：

2-6

運用 2 指標
進場前再確認

○·························○

透過前面說明我們可以很清楚知道，進場不能僅依靠指標來操作，指標只是最後確認的條件。技術分析上的指標種類非常多，在走圖操作中，我們只運用 2 種指標，此 2 種指標不但可以單獨使用，也能同步搭配趨勢研判。

MACD 指標 用在觀察中長期趨勢

重點 1：定義

MACD（平滑異同移動平均線）是中長期趨勢常用的指標，由 3 個數值所構成：

◎ DIF（快線）：一般用短期的 12 日均線減去長期的 26 日均線，可得到 1 日 DIF（DIF ＝ EMA12 － EMA26）。

◎ MACD（慢線）：計算 9 日的 DIF 平均值。

◎ OSC（柱狀體）：DIF（快線）減去 MACD（慢線），正值為紅柱，負值綠柱。

重點 2：參數運用

常用的 MACD 參數為 12、26、9 組合，因應目前股市交易時間為 1 週 5 個交易日，遂將 MACD 參數改成 10、20、10 組合，分別代表快線 EMA 週期（計算股價 10 個交易日的移動平均數）、慢線 EMA 週期（計算股價 20 個交易日的移動平均數）、信號線週期（計算 10 日的 DIF 平均值）。

重點 3：進場條件

DIF、MACD、OSC 運用在走圖上，進場時再確認：

◎ DIF、MACD、兩線在 0 軸之上視為多頭格局；在 0 軸之下則是空頭格局。

◎ DIF 在 MACD 之上（DIF ＞ MACD）時，OSC 為紅柱，可視為多方動能。

◎ DIF 在 MACD 之下（DIF ＜ MACD）時，OSC 為綠柱，可視為空方動能。

◎ DIF 與 MACD 黃金交叉（DIF 由下往上穿越 MACD）時，OSC 為綠柱轉紅柱，多方動能再起。

◎ DIF 與 MACD 死亡交叉（DIF 由上往下跌破 MACD）時，OSC 為紅柱轉綠柱，空方動能再起。

◎ 多頭趨勢多單進場的 MACD 條件要符合下列 3 個條件中其中 1 個：①紅柱延長、②綠柱縮短、③綠柱轉紅柱。

◎ 空頭趨勢空單進場的 MACD 條件要符合下列 3 個條件中其中 1 個：①綠柱延長、②紅柱縮短、③紅柱轉綠柱。

重點 4：價格與柱狀體的背離關係

◎ 多頭高檔的 MACD 柱狀體背離，代表多頭上漲時多方動能減弱，股價容易回檔修正。

◎ 空頭低檔的 MACD 柱狀體背離，代表空頭下跌時空方動能減弱，留意股價是否止跌反彈。

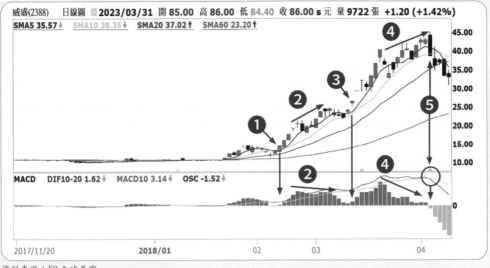

圖 **2-6-1** MACD 運用：以威盛為例

資料來源：XQ 全球贏家

① 多頭回檔後再上漲，觀察 MACD 柱狀體綠柱轉紅柱，表示多方動能再起，多頭續漲。

② 股價持續沿著 5 日均線上漲，但 MACD 柱狀體卻出現頭頭低的多方動能背離現象，表示多頭趨勢即將回檔修正，有多單要準備停利。

③ 當股價回檔修正後，再出現多頭回後買上漲的進場位置，同步觀察 MACD 柱狀體，發現紅柱縮短後再度向上延長，表示多方動能再起，股價續漲。

④ 此時股價從原本 10 元左右的起漲位置，漲到最高點 45 元左右的多頭高檔位置，漲幅已經高達 4 倍，MACD 指標也出現高檔多方動能背離，也就是股價持續頭頭高，但紅柱卻出現「頭頭低」。

⑤ 終於在這個位置出現一根實體長黑 K 棒，符合長黑吞噬的多頭回檔，MACD 也呈現死亡交叉（DIF 由上往下跌破 MACD），從紅柱轉綠柱，表示多方動能不但持續減弱，甚至轉為空方動能。

図 **2-6-2** MACD 運用：以瑞祺電通為例

瑞祺電通(6416)　日線圖　2023/03/31　開 116.00　收 114.00 s 元　量 1367 張

SMA5 94.44↑　SMA10 93.30↑　SMA20 90.84↑　SMA60 95.80↓

MACD　DIF10-20 0.98↑　MACD10 0.06↑　OSC 0.93↑

2021/06/17　　　　08　　　　　09　　　　10

資料來源：XQ 全球贏家

① 出現黑 K 棒收盤跌破盤整，空頭確認，MACD 也從紅柱轉成綠柱，空方動能啟動。

② 後續空頭趨勢出現一個小反彈之後，這裡又出現一根實體長黑 K，也就是空頭彈後空下跌的進場位置，同時綠柱延長後，空方趨勢再度轉強，空頭續跌。

③ 空頭反彈測試月線，可以看到月線向下具有壓力，所以股價再跌，紅柱也縮短，多方動能減弱。

④ 在這一破下跌走勢，可以看到出現價格底底低，但綠柱卻呈現底底高的低檔 MACD 柱狀體背離。

⑤ 背離後股價僅微幅反彈，接著再下跌，這一跌出現了柱狀體跟股價二度背離，一旦空頭低檔出現二度背離，就很容易止跌反彈。

KD 隨機指標 研判趨勢反轉工具

重點 1：定義

KD 指標是由 K 值（快速平均值）、D 值（慢速平均值）2 條線所組成，2 條線的數值在 0 與 100 之間來回，屬於擺盪指標，通常以最近 9 日的最高價、最低價以及當日的收盤價作為計算基礎。

◎ RSV 值計算公式：（收盤價－設定週期 9 日內最低價）÷（設定週期 9 日內最高價－設定週期 9 日內最低價）×100。

◎ K 值計算公式：（2/3× 前一天的 K 值）+（1/3× 當日 RSV）。

◎ D 值計算公式：（2/3× 前一天的 D 值）+（1/3× 當日 K 值）。

RSV 是「未成熟隨機值」，它代表「在最近 9 天（設定週期）裡，股價的強弱」。

重點 2：參數運用

常用的 KD 參數為 9、3、3 組合，因應目前股市交易時間為 1 週 5 個交易日，遂將 KD 參數改成 5、3、3 組合，分別代表 RSV 值計算公式中的設定週期、K 值計算公式中的兩個分

母、D 值計算公式中的兩個分母。

重點 3：超買與超賣的區間

KD 經常會在 20 ～ 80 之間擺盪，當 KD 上升到 80 左右的過熱超買區，股價容易回檔修正；當 KD 下降到 20 左右的過低超賣區，表示股價太低、跌幅太大，容易有買盤進場，股價有機會反彈修正。

重點 4：超買與超賣的鈍化

當 K 值上升到達 80 以上，而股價沒有回檔且持續上漲，這時 KD 值就進入 80 ～ 100 區間盤整（軋空區），稱為「高檔鈍化」；當 K 值下降到 20 以下，股價沒有止跌反彈，反而持續下跌，這時 KD 值在 0 ～ 20 區間盤整（殺多區），就稱為「低檔鈍化」。

當 KD 進入鈍化區時，就失去參考價值，此時要專注於股價走勢及價量配合。

重點 5：KD 交叉研判

由於 KD 屬於擺盪指標，用來研判「上升波」及「下跌波」的強弱，不可單獨研判，一定要配合趨勢綜合判斷。

多頭趨勢中若出現 KD 黃金交叉，則是多頭回檔後再起漲的訊號；空頭趨勢中若出現 KD 死亡交叉，則是空頭反彈後再下跌的訊號。

重點 6：KD 排列研判

◎K 值＞D 值：稱為 KD 多頭排列，簡稱 KD 多排，表示 KD 指標正處於「上升波」，若搭配多頭趨勢就代表多頭續漲。

◎K 值＜D 值：稱為 KD 空頭排列，簡稱 KD 空排，表示 KD 指標正處於「下降波」，若搭配空頭趨勢就代表空頭續跌。

重點 7：KD 背離研判

KD 背離對趨勢是否可能反轉的研判，是 KD 指標重要的功能。

◎頂背離：股價走勢創新高（頭頭高），K 值卻出現「頭頭低」，又稱為高檔背離。

◎底背離：股價走勢創新低（底底低），K 值卻出現「底底高」，又稱為低檔背離。

◎KD 指標一但出現背離狀況，表示行情有反轉可能，尤其出現底背離時，注意股價隨時會落底或反彈。

◎指標背離要在 20 ～ 80 之間才正常有效。

圖 2-6-3　KD、MACD 走圖運用：以華孚為例

華孚(6235)　日線圖 ☑ 2023/03/31 開 70.40 高 77.30 低 70.30 收 77.30 s 元 量 59749 張 +7.00 (+9.96%)

資料來源：XQ 全球贏家

① 多頭確認。

② 多頭回後買上漲，觀察 MACD 綠柱轉紅柱，代表多方趨勢再上漲；KD 指標多排表示目前正處於上漲波，屬於多方力道，研判雙指標都屬於多方趨勢。

③ K 值來到 81.27，進入多方鈍化區，股價非但沒有回檔，反而是持續往上，代表 KD 正式進入高檔鈍化區，多頭強勢上漲，多單要續抱。

④ ⑤ 此時股價已從位置①的約 20 元，一路上漲到相對高檔位置 40 元，開始出現高檔指標背離，而且是 MACD、KD 雙指標二度背離，此時若手上有多單，要隨時準備停利出場，多單也暫且別再進場。

⑥ 後續股價進入盤整，在這個位置空頭確認，搭配 MACD 指標綠柱延長、KD 指標死亡交叉，指標條件都符合空方走勢，後續空單進場就比較容易賺到錢。

⑦ 出現低檔 MACD 綠柱背離，股價一出現止跌長紅棒，就容易空頭反彈了。

走圖筆記：

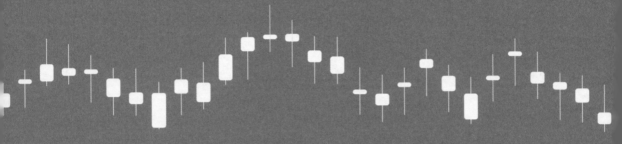

第 ③ 章

走圖練習 SOP
提升技術分析功力

3-1

走圖4大步驟
先從短線做起

○ .... ○

　　一檔股票由空頭趨勢進入盤整,再轉成多頭上漲的過程中,首先要克服的是上漲行進間的重重賣壓,有些是前面高點套牢的賣壓,有些則是技術分析圖上的賣壓,例如均線賣壓等等。這些趨勢的轉變都可以透過走圖找出答案,在開始講解走圖的4個操作步驟之前,必須先強調一個重要觀念,也就是先做短線、再看長線。

📈 短線走出來 長線才有機會

　　當我們找到一檔底部完成打底、準備要上漲的股票時,

必須先以短線策略來操作。技術分析圖上的短線操作是以「日線圖」為觀察重點，同時還要加上 20 日均線（月線）研判多空。也就是當你選到一檔多頭股票，不僅趨勢是多頭確認，股價也要在站在月線之上，且月線方向要向上，多單才能進場。

為什麼要再加上均線（月線）這個條件呢？誠如講解「均線」時提到，均線既是壓力、也帶有助漲力道，所以當股價站上月線，此時的月線就不是阻礙上漲的壓力，反而變成助漲的支撐了。

當多頭確認，股價也站到月線之上，此時可以觀察到均線呈現 3 條均線多頭排列（5 日均線 > 10 日均線 > 20 日均線），上漲過程中還會遇到一條均線在股價上方形成壓力，就是 60 日均線（季線），當股價上方有季線，且季線方向還是向下彎，股價容易遇壓力回檔修正。

所以一開始的多單進場策略，要先以短線為主，待後續股價回檔、整理後，多頭再上漲並站上 60 日均線，此時的趨勢不但有月線支撐，季線也變成重要支撐，就是所謂的 4 條均線多頭排列，如此就可以開始進行長線多頭操作策略了。

空單進場策略也是如此，先以短線為主，待後續股價反彈上漲後，空頭再下跌且跌破 60 日均線，此時呈現 4 條均線空頭排列，才開始進行長線空頭操作策略。

圖 **3-1-1**　　　　股價突破盤整 均線轉為 4 線多排

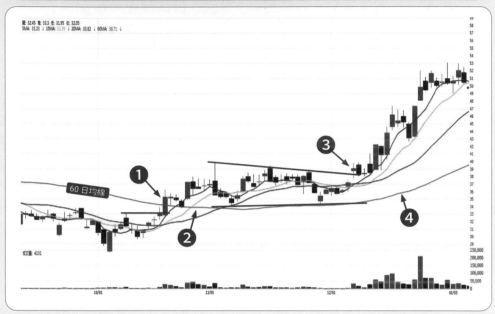

資料來源：技術面選股王

① 出現一根實體長紅棒收盤過前面高點，這是一個多頭趨勢確認的紅 K 棒，同步觀察均線，是 3 條均線多頭排列，而且月線方向也向上，代表有支撐力道。

② 60 日均線向下，代表這條均線當下並沒有助漲力道，此時多單進場以短線操作為主，後續股價在季線之上整理了將近 1 個月時間，一直到位置③。

③ 盤整突破多頭續攻的多單進場位置。

④ 後續均線轉成 4 條均線多頭排列，開始進入中期多頭操作了。

以上可以清楚知道，一檔股票的操作策略一定是由短線開始，慢慢走著走著，等到長線條件也符合，就可以開始鎖做中長線多頭了。

4 大步驟 缺一不可

知道如何判別長短線策略後,接下來該如何開始走圖操作呢?我們得先從選股開始,選到一檔「好」股票,是操作SOP 的首要條件!

過去每逢夏天的颱風來襲,就會遇到要不要放颱風假的爭議。我印象很清楚,有一次颱風襲台,台北市政府宣布停班停課 1 天,當時颱風重創台東地區,而北部因為風雨不大,反倒讓民眾賺到 1 天假,有人質疑北市府又誤放颱風假,對此當時的台北市市長柯文哲解釋「放假是北北基一起協商決定」,他認為關於這個部分已經有 SOP,以後就按照規則走就好。

印象中的柯 P,凡事都會依照 SOP 走,這或許源自於他長期擔任醫生的習慣,到底這個讓柯 P 無論做任何決定都掛在嘴邊的 SOP 是什麼?

英文 Standard Operating Procedures 的縮寫為 SOP,稱為「標準作業程序」。根據維基百科中的說明,SOP 是指在有限的時間與資源內,為了執行複雜事務而設計的內部程序。從管理學的角度來看,標準作業程序能夠縮短新進人員面對不熟練且複雜情況的學習時間,只要依照 SOP 按部就

班，就能避免失誤與疏忽。

這樣看起來，股票操作也非常符合 SOP 的定義，把複雜的交易流程標準化，藉以克服人性交易上的弱點。

走圖操作流程 4 大步驟缺一不可，每一個流程都是獨立運作，一旦停損或停利，之後都是下一個交易的開始，只要按照這樣的方法反覆操作，你的技術分析將變得井然有序，不再雜亂無章。

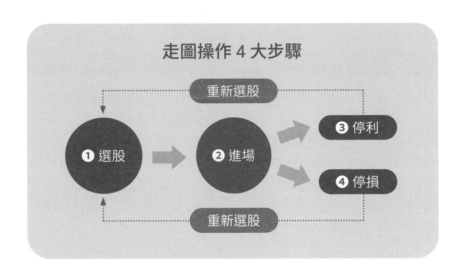

走圖操作 4 大步驟

重新選股

① 選股　➡　② 進場　➡　❸ 停利

❹ 停損

重新選股

走圖筆記：

3-2

走圖步驟 1
建立口袋名單
縮小選股範圍

○••••••••••••••••••••••••••••••○

如何選到一檔好的股票，是操作上關鍵的一環。只要選到好股票，就掌握一半的勝率了，剩下就是把操作技巧熟練，那麼到底該如何挑選好股票呢？

一般人習慣買低賣高，因為買低不吃虧、買低就是賺到了，所以現在很流行團購或賣場打折搶貨，百貨公司週年慶時人總是特別多，因為大家喜歡搶便宜。自然而然的，當散戶要進場「買」股票，就會把這種習慣帶到投資。

但是便宜的股票不見得是「真的」便宜，更可能是公司有問題，相反的，一間獲利很好的公司，股價也不一定會漲，如

果沒詳加研究就進場，可能會因此賠大錢，成為冤大頭。因此，如果沒太多時間花心力摸透一間公司，「順勢交易」就是一個很好方法。

選股技巧①：從大盤選出「三好股」

順勢，到底是順什麼勢？其實一般投資人經常會忽略，在交易中最重要的就是觀察大盤走勢。

在台灣，大盤就是加權股價指數，該指數反映將近 1,000 檔上市股票的走勢，所以當大盤走勢是多頭，代表近 1,000 檔股票的整體表現是上漲，如此一來，我們就比較容易選到多頭趨勢的股票。而且多單進場後，也因為整個市場是多方氛圍，無論是籌碼面、基本面，甚至是主力的操作心態，都有利於多頭，這時做多自然容易賺到錢，甚至還可以賺到長線波段的錢。

相反的，若大盤趨勢是空頭，代表近 1,000 檔股票中的整體表現是下跌，依照順勢原則，一定是做空比較有利，但是如果我們的想法轉不過來，在空頭趨勢中還一直想要搶短多反彈，甚至還有人因為手上握有套牢的多單，因此想要逢低買股票攤平，最後落得「越攤越平」的下場。

①大盤好 強者恆強 順勢操作

所以，選股第 1 個方法，就是運用加權指數的多空方向來選股。

以「技術面選股王」為例，當加權股價指數是多頭趨勢，多單進場就選①多頭排列、②低檔起漲、③高檔爆量的股票；相反的，若加權股價指數是空頭趨勢，空單進場則選①空頭排列、②高檔起跌、③遇到月線壓力再下跌的股票（實際操作方式，會在後面進行介紹）。

圖 3-2-1 技術面選股王：鎖做多選股

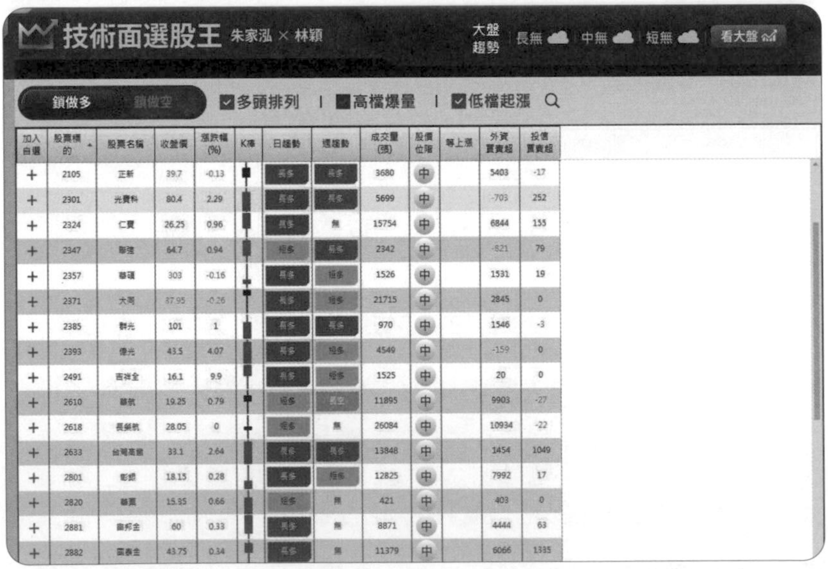

加入自選	股票標的	股票名稱	收盤價	漲跌幅(%)	K棒	日趨勢	週趨勢	成交量(張)	股價位階	等上漲	外資買賣超	投信買賣超
+	2105	正新	39.7	-0.13		長多	長多	3680	中		5403	-17
+	2301	光寶科	80.4	2.29		長多	長多	5699	中		-703	252
+	2324	仁寶	26.25	0.96		長多	無	15754	中		6844	155
+	2347	聯強	64.7	0.94		短多	長多	2342	中		-821	79
+	2357	華碩	303	-0.16		長多	短多	1526	中		1531	19
+	2371	大同	37.95	-0.26		長多	短多	21715	中		2845	0
+	2385	群光	101	1		長多	長多	970	中		1546	-3
+	2393	億光	43.5	4.07		長多	短多	4549	中		-159	0
+	2491	吉祥全	16.1	9.9		長多	短多	1525	中		20	0
+	2610	華航	19.25	0.79		短多	長空	11895	中		9903	-27
+	2618	長榮航	28.05	0		短多	無	26084	中		10934	-22
+	2633	台灣高鐵	33.1	2.64		長多	長多	13848	中		1454	1049
+	2801	彰銀	18.15	0.28		長多	短多	12825	中		7992	17
+	2820	華票	15.35	0.66		短多	無	421	中		403	0
+	2881	富邦金	60	0.33		長多	無	8871	中		4444	63
+	2882	國泰金	43.75	0.34		長多	無	11379	中		6066	1335

資料來源：技術面選股王

圖 **3-2-2** 技術面選股王：鎖做空選股

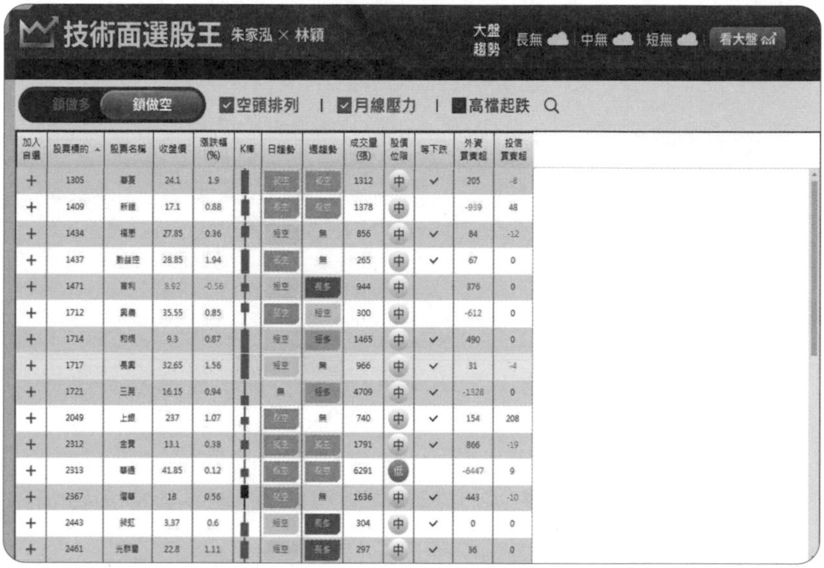

資料來源：技術面選股王

　　大盤指數除了多頭跟空頭趨勢之外，我們也經常遇到盤整，當加權指數遇到盤整盤，表示沒有主流股，沒有帶動大盤的領頭羊，此時一些股本較小的股票，或是當下有利多、利空題材的股票就會活蹦亂跳。

　　所以當大盤趨勢進入了盤整，無論做多或做空都可以，但請記得要短線操作，同時也因為大盤趨勢方向尚未明確，任何操作都要嚴守停損。

　　順勢操作就是順著趨勢走，當趨勢確認且發動才進場，只

要趨勢沒有改變，任何進場位置都可以。而趨勢交易最大的特色就是「多頭市場創新高就是最強，漲最多就是主流。」也就是強者恆強、弱者恆弱，這也是找股票的重要依據。

知道趨勢的特色，對選股有很大幫助。因為我們要找創新高、漲最多的股票鎖股做多，找創新低、持續下跌的股票鎖股做空。

②類股好　錢在哪 機會就在哪

除了研判加權指數，「類股走勢」亦是重要且需要隨時追蹤的關鍵因素。

傑西・李佛摩說過：「成功的交易，首重對產業類股走勢的了解。」他在股市中觀察到股票不會單獨行動，而是以產業類股的型態集體行動，這種現象一次又一次的重演，偏好強勢類股，遠離弱勢股。

在這近 1,000 檔股票中，依照「產業類別」有不同分類，分類的方式非常多種，我們可以試著從下列方式來做區分。

第 1 種是依照證券交易所的分類進行區分：其中，占大盤資金比重最大的族群是電子類股，比重約占 6 成，其次是金融類股、航運類股。然而類股的比重並非固定不變，會根據當下的產業前景、大戶主力或法人資金流向不同而有改變，也可以稱為「類股輪動」。

上市公司產業類別

水泥工業	化學工業	汽車工業	電子通路業	金融保險	運動休閒
食品工業	生技醫療業	半導體業	資訊服務業	貿易百貨	居家生活
塑膠工業	玻璃陶瓷	電腦及週邊設備業	其他電子業	油電燃氣業	其他
紡織纖維	造紙工業	光電業	建材營造	綜合	
電機機械	鋼鐵工業	通信網路業	航運業	綠能環保	
電器電纜	橡膠工業	電子零組件業	觀光餐旅	數位雲端	

　　養成觀察類股走勢是選股的關鍵，因為要在將近 1,000 檔上市股票中找到好股票，就跟大海撈針一樣困難，何況除了上市股票之外，還要觀察上櫃指數（上櫃指數中有將近 800 檔股票，分成 9 大類股）。

　　透過類股資金輪動的特性，從資金占比較大的類股中，找出跟大盤趨勢相同的股票，或是尋找漲幅較大的類股，這樣一來，操作賺錢的勝率就會大大提高。原因很簡單，金融市場上的資金特性，就是流向當下有機會賺錢的市場或商品，所謂的「錢在哪，機會就在哪」。

　　舉例來說，2023 年 4 月 11 日，加權股價指數收盤為 15,913 點，較前一日上漲 37.71 點，漲幅為 0.24%，從上市類股分類報價圖中（見圖 3-2-3），可以觀察到當日漲幅最多的是水泥類股，漲幅達 1.78%。

圖 3-2-3　上市類股分類報價圖

代碼	商品	內外盤比圖	成交	漲幅%	總量	漲跌	成交比重%
TSE11	水泥		169.32s	+1.78	14.54	▲2.96	0.6680
TSE12	食品		1998.45s	+0.89	10.20	▲17.57	0.4687
TSE13	塑膠		251.39s	+0.41	14.93	▲1.03	0.6861
TSE14	紡織纖維		584.51s	+0.71	11.26	▲4.13	0.5173
TSE15	電機機械		287.81s	+1.71	191.79	▲4.85	8.8128
TSE16	電器電纜		113.81s	+0.73	25.07	▲0.82	1.1520
TSE17	化學生技醫療		124.93s	+0.05	62.92	▲0.06	2.8911
TSE18	玻璃陶瓷		53.81s	-0.11	1.10	▼0.06	0.0505
TSE19	造紙		307.90s	+0.99	1.87	▲3.01	0.0858
TSE20	鋼鐵		146.75s	+0.14	20.09	▲0.20	0.9232
TSE21	橡膠		248.30s	-0.16	3.39	▼0.41	0.1559
TSE22	汽車		365.46s	+0.89	47.35	▲3.21	2.1756
TSE23	電子		752.76s	+0.04	1412.04	▲0.29	64.8849
TSE25	建材營造		374.27s	+0.51	13.83	▲1.90	0.6354
TSE26	航運業		166.04s	+0.16	76.38	▲0.27	3.5097
TSE27	觀光		136.10s	-0.72	19.81	▼0.99	0.9101
TSE28	金融保險		1546.24s	+0.45	57.48	▲6.87	2.6414
TSE29	貿易百貨		301.86s	+0.31	7.43	▲0.93	0.3412
TSE30	化工		139.53s	+0.13	18.13	▲0.18	0.8332
TSE31	生技醫療		76.31s	-0.03	44.78	▼0.02	2.0579
TSE32	半導體		358.32s	-0.38	753.38	▼1.36	34.6186
TSE33	電腦及週邊設備		147.92s	+0.76	195.48	▲1.12	8.9823
TSE34	光電		36.39s	+1.00	74.96	▲0.36	3.4444
TSE35	通信網路		140.31s	+0.52	88.72	▲0.73	4.0766
TSE36	電子零組件		171.64s	+0.76	219.28	▲1.29	10.0763
TSE37	電子通路		184.90s	+0.74	9.03	▲1.35	0.4148
TSE38	資訊服務		151.44s	-0.49	13.97	▼0.74	0.6421
>>TSE39	其他電子		100.28s	+0.74	57.23	▲0.74	2.6295
TSE40	油電燃氣		115.55s	+0.10	1.68	▲0.12	0.0771
TSE95	創新板		--	--	0	--	--
TSE99	其他		370.57s	+1.13	71.45	▲4.15	3.2831

上市29類 ▼

資料來源：XQ全球贏家

③個股好　等待多頭訊號 進場操作

我們再細看水泥類股的成分股，可以發現上市7檔水泥類股中，有6檔股票當天都收漲，代表水泥股當天整體表現偏強勢（見圖3-2-4）。

所以我們可以開始鎖定水泥類股追蹤，不過1天上漲，不代表未來會繼續上漲，所以要再確認水泥類股指數是否為多頭

趨勢。透過水泥類股中台泥（1101）日線圖與週線圖的對照
（見圖3-2-5），發現代表較長趨勢的週線圖，是多頭趨勢的回
後再上漲，日線圖則是出現股價遇到季線（60日均線）支撐後
趨勢轉強，依此研判，台泥後續可以追蹤鎖股。

圖 3-2-4 2023 年 4 月 11 日水泥類股成分股報價

代碼	商品	成交	漲跌	漲幅%	單量	總量
>>1101	台泥	37.45s	▲ 0.85	+2.32	1074	27011
1102	亞泥	44.10s	▲ 0.50	+1.15	646	5616
1104	環泥	26.60s	▲ 0.30	+1.14	49	1612
1103	嘉泥	18.90s	▲ 0.05	+0.27	40	182
1110	東泥	17.70s	▲ 0.05	+0.28	31	404
1108	幸福	15.40s	▲ 0.60	+4.05	191	6400
1109	信大	17.15s	0.00	0.00	25	2687

資料來源：XQ 全球贏家

圖 3-2-5 台泥日線圖與週線圖

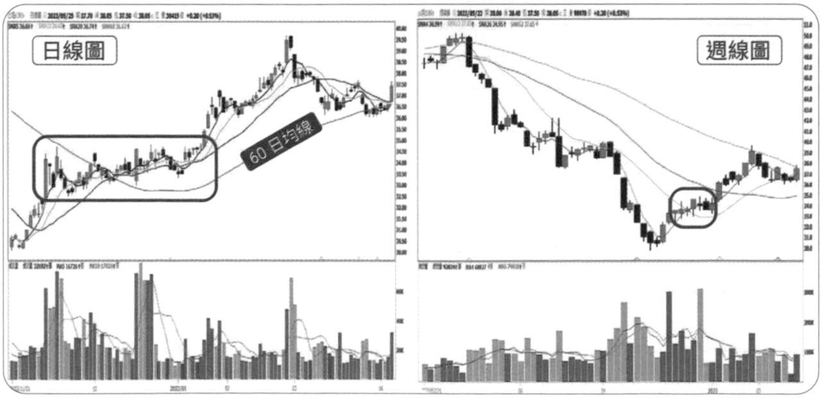

資料來源：XQ 全球贏家

因此，依照大盤趨勢是多頭，選到的類股也是多頭趨勢，接著再仔細確認相關個股，等待多頭進場訊號出現，就可以進場操作。這樣選出來的股票稱為「三好股」，也就是「大盤好、類股好、個股好」，是標準的「順勢操作」。

選股技巧②：「技術面選股王」鎖股戰法

運用軟體選股是最省時省事的聰明選股法，透過軟體程式的功能，運用「鎖做多」及「鎖做空」的股票篩選器，選出多頭股票跟空頭股票，可以大大縮短選股時間。

如圖3-2-6所示，在「技術面選股王」軟體中，可以看到在圖中位置①「鎖做多」的②「多頭排列」選項，已經把符合「多頭排列」條件的股票篩選出來了。也就是說，在位置③列示出來的股票，都是符合頭頭高、底底高的多頭趨勢，我們可以從中鎖股做多，「等上漲」位置打勾的個股，代表該股當下處於回檔，可等待其上漲買進。位置④則是點選個股後會出現的個股技術分析圖，這邊可以再設定均線、壓撐及頭底位置，輔助找到關鍵位置及切線。

同樣的，圖3-2-7看到在位置①「鎖做空」的②「空頭排列」選項，已經把符合「空頭排列」條件的股票篩選出來了。

圖 3-2-6　技術面選股王：鎖做多、多頭排列

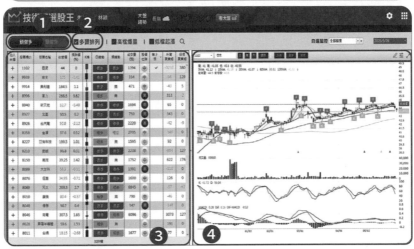

資料來源：技術面選股王

圖 3-2-7　技術面選股王：鎖做空、空頭排列

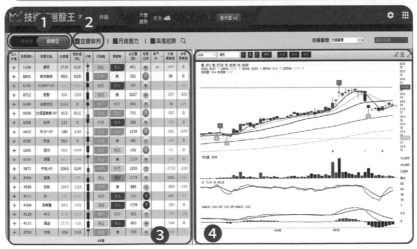

資料來源：技術面選股王

在位置③中列示出來的股票，都是符合頭頭低、底底低的空頭趨勢，就可以從中鎖股做空，「等下跌」位置打勾的個股，代表該股當下正在回彈，可等待其下跌做空，位置④同樣是點選個股後會出現的個股技術分析圖，這邊一樣可以設定均線、壓撐及頭底位置。

運用「技術面選股王」選股雖然方便，但選股上仍有需要注意的地方。

每天選股 掌握強弱勢股變化

首先最重要的是要「每天選股」，很多人輕忽了每日選股的重要性。

透過每一天找多頭或空頭股票，投資人可以清楚掌握每天強勢股跟弱勢股的變化，同時要觀察最近哪些類股在漲，或是哪些類股轉弱了，也就是要注意是否出現類股群聚的現象。

訓練自己對盤面變化的掌握度，藉以培養「盤感」，同時也可以運用此方法找到「三好股」。透過日線圖初步把鎖做多或做空的股票篩選出來，接下來就觀察該股票的週線條件。

如「技術面選股王」軟體圖所示，同步觀察圖3-2-8的位置①「日趨勢」及「週趨勢」兩個篩選條件，若兩者都是多頭股票，再搭配位置②的週K線圖觀察趨勢，就可以長期鎖股操作了。

圖 **3-2-8**　技術面選股王：鎖做空、空頭排列

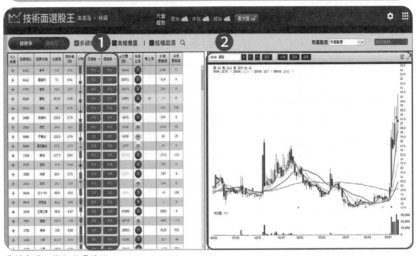

資料來源：技術面選股王

位置①的趨勢條件區分為5種：長多、短多、無、長空、短空，其中「無」是指該股票正處於盤整趨勢。

建立觀察名單 以利後續觀察

選好股票之後，還有一個最重要步驟絕對不能省略，也就是建立「鎖股資料夾」把選到的股票加入自選欄位中。「技術面選股王」軟體也提供非常好用的「自選監控」功能，如圖3-2-9所示，在「群組清單」中可以自己設定群組分類，例如設定「多頭鎖股」跟「空頭鎖股」（可自行修改組合名稱），把每一天盤後做功課找到的股票存入群組分類中，便於後續鎖股

圖 3-2-9　技術面選股王：設定自選股名單

資料來源：技術面選股王

圖 3-2-10　自選股名單列表及股價走勢

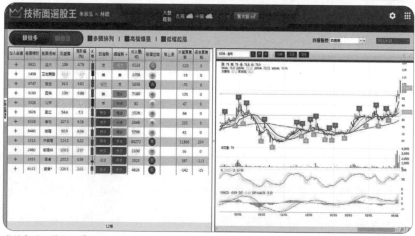

資料來源：技術面選股王

觀察（見圖3-2-10）。

　　如果用心一點，還可以把鎖股原因、進場條件或股票基本面、籌碼面等等，通通記錄存檔在「個股筆記」（點選「自選編輯」中的筆記圖示）中，隨時檢視、修正自己的每一筆交易（見圖3-2-11）。

　　最後要叮嚀，自選監控內的鎖股清單要每日更新、汰弱留強，千萬不要讓自選夾內的股票變成「萬年鎖股」，否則就會失去選股、鎖股等進場的意義了。

圖 3-2-11　技術面選股王：新增個股筆記

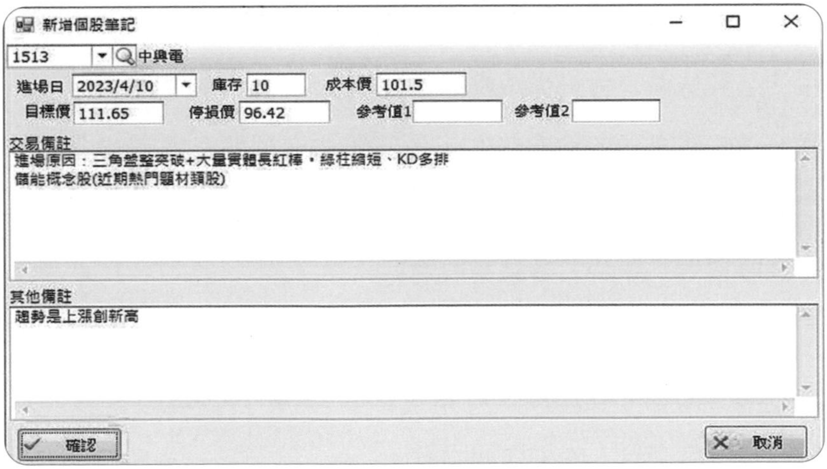

資料來源：技術面選股王

選股技巧③：技術分析選股法

這個方法是走圖的精華所在，當我們透過前述方法找到多頭或空頭趨勢的股票之後，接下來要再確認這些股票是否符合鎖股進場的條件，下面我們一樣先從多頭趨勢的做多條件開始說明。

技術分析選股法：短線多頭

切記一個趨勢的形成，一定是從短線開始，短線多頭趨勢確認了，股價持續上漲了，慢慢地隨著股價下跌有支撐、上漲都能過前高，時間拉長了，中長期的多頭趨勢才會出現。由短線空頭到中長線空頭趨勢的發展過程也是一樣，所以一開始選股的必要條件，會先從短線操作開始。

做短線多頭的首要條件，是日線波浪型態已經完成多頭架構，也就是呈現頭頭高、底底高，如果第1個條件就不符合，這檔股票就不能納入多頭選股清單。

當一檔股票符合多頭趨勢的條件，接著要確認均線的位置及方向，而我們非常重視月線（20日均線），就是1個月內這檔股票所有交易人的平均成本線。

會在底部打底完成多頭趨勢這段期間買進的交易人，基本上都比較容易是該檔股票的主力，一旦多頭趨勢完成，且股價

也站到月線之上，就表示進場的主力開始賺錢了，後續股價容易再繼續往上漲。此時若月線方向也同步向上，就具有更大的助漲力道。

　　股價持續往上漲的過程中，還要仔細觀察10日均線、20日均線是否呈現多頭向上排列，如果是，就形成5日均線、10日均線、20日均線3條均線多頭排列的格局，有了這3條均線的向上助漲力道，股價比較容易續勢上攻，後續若月線方向維持向上的多頭排列格局，任何符合條件的進場位置，都可以多單操作。

　　但是在上漲的過程中要特別留意季線（60日均線）壓力，誠如前面提醒大家，多頭上漲中要留意是否會遇到壓力，而季線在這個地方可能就是一個壓力，如果遇到壓力之後股價回檔，操作上就要順勢先獲利了結一趟了。

短線做多必要條件

①日線波浪型態完成多頭架構（頭頭高、底底高）。

②股價站在月線之上，且月線方向向上。

③日線完成 10 日均線、20 日均線多排向上。

④股價維持在月線之上，持續鎖做多。

⑤進場操作後注意季線（60 日均線）向下的壓力。

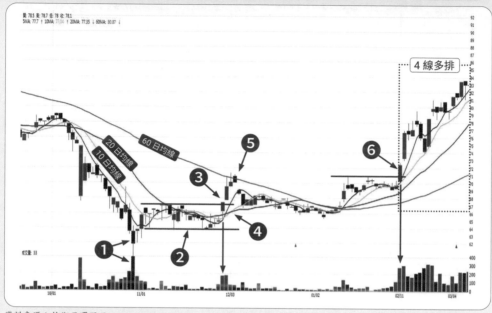

圖 **3-2-12** 短線做多觀察條件

資料來源：技術面選股王

① 經歷前面均線 4 線空排的空頭趨勢後，這個位置出現了一個大量的落底訊
　號，也就是一根實體長下影線的黑 K 棒，這根黑 K 棒出來之後，股價都沒
　有再跌破這個低點。

② 空頭反彈後進入盤整，此時股價已經開始打底。

③ 出現一個大量實體長紅棒，收盤股價突破盤整區，這是一個多頭確認的進場
　位置。

④ 觀察到 10 日均線及 20 日均線尚未呈現多頭排列，所以後續股價容易再回
　檔修正。

⑤ 後續股價漲到這個位置，遇到 60 日均線向下的壓力，這是一個短線多單出
　場的位置。

⑥ 股價整理了一段時間，最後在這個位置出現大量紅 K 棒且突破前高，完成
　多頭確認、均線 4 線多排，進場後股價就容易走向中線多頭格局。

技術分析選股法：短線空頭

我們用相同選股的方式找到空頭股票，一樣先從空頭趨勢的做空條件詳細說明。

空頭趨勢的形成也是從短線開始，例如短線空頭趨勢確認了，股價持續下跌，慢慢地隨著股價反彈有壓力、回檔都跌破前低，形成頭頭低、底底低。如此時間拉長了，中長期空頭趨勢才會出現。

由短線空頭到中長線空頭趨勢的發展過程也是一樣，所以一開始選股的必要條件，也會從短線操作條件開始。

做短線空頭的首要條件是，日線波浪型態已經完成空頭架構，也就是呈現頭頭低、底底低，如果這個首要條件就不符合，這檔股票不能納入空頭選股。

當一檔股票符合空頭趨勢的條件，接著要確認均線的位置及方向，一樣要觀察20日均線（月線），一旦空頭趨勢完成，且股價也跌到月線之下，表示進場做空的人開始賺錢了，後續股價容易再繼續下跌。此時若月線方向也同步向下，就具有更大的助跌力道。

股價下跌過程中，還要仔細觀察10日均線跟20日均線是否為空頭向下排列，如果是，就形成5日均線、10日均線、20

日均線3條均線空頭排列的格局,有了這3條均線的向下助跌力道,股價容易續跌,後續若月線方向維持向下,任何符合條件的進場位置都可以空單操作。

　　同樣的,在下跌過程中要特別留意季線(60日均線)支撐,誠如前面提醒大家,空頭下跌要留意是否會遇到支撐,而季線在這個地方可能就會是一個重要支撐,如果遇到支撐之後股價反彈了,操作上就要順勢先獲利了結一趟。

（短線做空必要條件）

①**日線波浪型態完成空頭架構（頭頭低、底底低）。**
②**股價位在月線之下,且月線方向向下。**
③**日線完成 10 日均線、20 日均線空排向下。**
④**股價維持在月線之下,持續鎖做空。**
⑤**進場操作後注意季線（60 日均線）向上的支撐。**

圖 **3-2-13**　　　　　短線做空觀察條件

資料來源：技術面選股王

① 股價漲到多頭高檔，這個位置出現高檔大量變盤線，是多單要出場、準備獲利了結的一個關鍵 K 棒。

② 果然在下一個交易日出現一根實體黑 K 棒，股價開始回檔，後續下跌遇到月線（20 日均線）有支撐，容易再上漲。

③ 股價再上漲卻沒有突破前高，出現頭頭低的黑 K 棒，趨勢改變，不再是多頭，這時有多單要盡速出場，同時準備做空。

④ 出現一根大量黑 K 棒，把前面低點跌破，空頭確認，且股價也已經在月線之下，同時 3 條均線呈現空頭排列，這時候可以做短空操作，但要留意下方有一條向上的季線（60 日均線），對股價形成支撐。

⑤ 空頭趨勢下跌中，遇到向上季線的支撐，因此在這個位置出現止跌的紅 K 棒，要留意後續是否會反彈。

⑥ 後續股價反彈難再站上季線，這個位置出現黑 K 棒收盤跌破 5 日均線，是彈後空下跌的進場位置，表示空頭續勢，股價再下跌。

走圖步驟 2
找對進場條件
提高賺錢機率

前面講的 3 個選股技巧絕對不是單獨存在，而是要同步觀察，如果讀者可以把這 3 個技巧多加熟練，每天反覆操作選股，我相信一定能夠選到一檔好股票。

選到對的股票之後，接下來就要確認進場條件，當你找到符合條件的進場位置，賺到錢的機率就會更高。

📈 進場條件①：位置決定報酬率

長期經驗觀察發現，當一檔股票從起漲位置上漲之後，漲

幅高達 1 倍左右時，主力就容易獲利了結，所以我們在技術分析圖上可以輕易找到趨勢改變或高檔 K 棒的轉折訊號。

　　所以，一旦發現股價漲了 1 倍，同時又出現變盤線 K 棒的組合訊號，可以初步研判是主力要出脫股票獲利了結，而身為散戶的我們也要順勢多單出場。

　　由圖 3-3-1 可以看到，該檔股票在起漲位置①的價格約為 25 元，漲到位置③多頭高檔的價格為 47.5 元左右，漲幅接近 1 倍後就出現變盤線，所以可以判定位置③的價位已經處於多頭高檔。

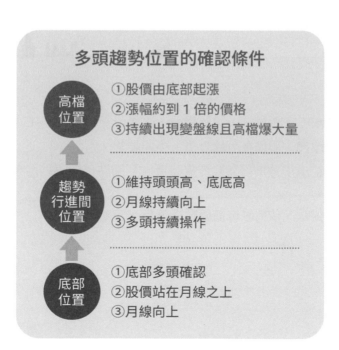

多頭趨勢位置的確認條件

高檔位置
①股價由底部起漲
②漲幅約到 1 倍的價格
③持續出現變盤線且高檔爆大量

趨勢行進間位置
①維持頭頭高、底底高
②月線持續向上
③多頭持續操作

底部位置
①底部多頭確認
②股價站在月線之上
③月線向上

圖 **3-3-1**　　高檔出現變盤線 多單準備停利

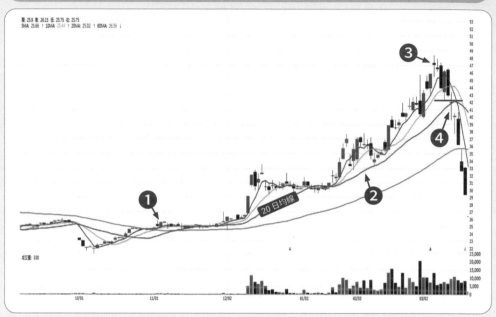

資料來源：技術面選股王

① 底部打底完成，多頭確認、股票起漲，之後沿著月線（20 日均線）上漲。

② 多頭趨勢未改變，股價在月線之上，多頭續勢。

③ 股價到了高檔出現連續變盤線及實體黑棒，同時也出現高檔大量，此時多單就要準備停利。

④ 出現一根變盤線，收盤跌破前面轉折低點，空頭確認。

　　相同的，空頭趨勢也可以判斷出股價持續下跌後趨勢低檔的訊號。我們同樣透過一檔空頭趨勢的股票做說明。

　　長期觀察發現，當一檔股票從高檔做頭的位置下跌之後，跌幅達 50% 左右，主力容易獲利了結，我們同樣可以在技術分析圖上找到趨勢改變或是低檔 K 棒轉折的訊號，也經常會有大成交量等止跌訊號出現。

　　因此，一旦發現股價跌了 50% 左右，同時出現止跌 K 棒訊號，可以初步研判可能是主力（做空）要出脫股票獲利了結，而我們也要順勢空單出場。

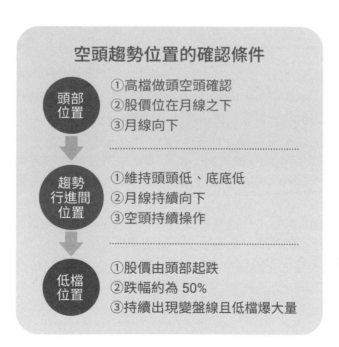

空頭趨勢位置的確認條件

頭部位置
① 高檔做頭空頭確認
② 股價位在月線之下
③ 月線向下

趨勢行進間位置
① 維持頭頭低、底底低
② 月線持續向下
③ 空頭持續操作

低檔位置
① 股價由頭部起跌
② 跌幅約為 50%
③ 持續出現變盤線且低檔爆大量

圖 3-3-2   低檔出現打底訊號 空單準備停利

資料來源：技術面選股王

① 頭部做頭完成且跌破盤整，空頭確認、股票起跌。

② 空頭下跌後股價沿著月線（20 日均線）走，即使反彈站上月線，上方還有季線（60 日均線）向下的壓力，使股價持續下跌並跌破月線，只要空頭趨勢沒有改變，同時股價持續在月線、季線之下，就可以依照空頭趨勢進行操作。

③ 開始陸續出現實體長紅棒或長黑棒，同時發現成交量開始放大，這些都是空頭低檔止跌打底的訊號，此時手上若有空單要準備停利。

④ 出現一根超大量向上跳空的小紅 K 棒，收盤站上前面轉折高點，因此多頭確認。

由圖 3-3-2 可以看到，該檔股票在起跌位置①的價格約 80 元，跌到位置③的空頭低檔價格為 40 元左右，跌幅接近 50% 後就出現實體長紅棒或長黑棒，所以我們可以判定位置③的價位已經處於空頭低檔。

透過以上說明可以明顯觀察出來，當股價上漲到了多頭高檔的位置，因為主力容易獲利了結，所以多單暫且不要進場；相同的，當股價下跌到了空頭低檔的位置，也因為主力容易空單停利，因此暫且不要做空，反而是空單要準備找機會停利了。

想要提高報酬率，或是找到抱一檔長期投資的股票，若是做多，就要買在底檔起漲位置，做空就要空在高檔起跌位置。跟著趨勢走，才能真正做到順勢交易。

⚄ 進場條件②：等關鍵 K 棒出現

趨勢多頭只做多、趨勢空頭只做空，這是順勢交易的基本法則。找到趨勢正確的股票後，再確認可以進場的位置，多頭趨勢盡量買在起漲或多頭趨勢行進間的位置，避開多頭趨勢高檔的位置；空頭趨勢盡量做在起跌或空頭趨勢行進間的位置，同時要避開空頭趨勢低檔的位置。

當這些條件都確認沒問題，準備要進場了，就要利用「關

鍵 K 棒」來增加進場勝率。

多單進場的關鍵K棒條件

重點 1：必須是實體紅 K 棒：多單進場的關鍵 K 棒必須是實體紅 K 棒，若是黑 K 棒則多單不進場，等次日再觀察。

重點 2：以收盤價做確認

◎ 底底高且收盤價過前面轉折高，才是多頭趨勢確認，此時可以多單進場（見圖 3-3-3）。

◎ 多頭趨勢回檔後再上漲的「多頭回後買上漲」，其進場條件為：實體紅 K 棒收盤價站上 5 日均線，同時站上前日 K 棒的最高價。

◎ 多頭趨勢進入盤整之後，盤整突破的進場條件：實體紅 K 棒收盤突破盤整區的壓力線。

重點 3：實體棒越大越好：透過實體棒大小的觀察，可以輔助確認主力對這檔股票做多或做空的力道強弱。實體棒越大，代表多方上漲攻擊力道越強；反之，若實體棒太小，表示當天多空勢均力敵，無法辨識主力的心態。

一般來說，好的進場關鍵 K 棒，實體部分至少要大於 2%（開盤價到收盤價）才具攻擊力道；若實體部分小於 2%，後續容易出現多頭趨勢但股價不漲，甚至下跌。

我們同樣觀察圖 3-3-3 的 3 個進場位置，實體紅 K 棒的部

圖 3-3-3　以收盤價確認多單進場條件

資料來源：技術面選股王

① 出現一根實體長紅棒，收盤價站上前面轉折高點，多頭趨勢確認。

② 再出現一根實體紅 K 棒，收盤不但站上 5 日均線，同時也站上前日小紅 K棒的高點，符合多頭回後買上漲的條件。

③ 這根實體長紅棒一樣符合回後買上漲的條件，也就是收盤站上 5 日均線，同時站上前日小黑 K 棒的高點。

分都大於 2%，代表該位置有展現出多方攻擊力道，後續也證明股價持續上漲。

重點 4：**缺口力道大於實體棒**：所謂的「跳空缺口」，是指連續 2 個交易日的 K 棒中間，出現一段沒有成交的價位，在技術分析圖上形成一個空白缺口（見圖 3-3-4）。

形成缺口的原因有好幾種，其中最主要的一個原因是，主力強力做多向上拉抬，形成向上的跳空缺口，或者是強力做空下殺，形成向下跳空的缺口。這樣的跳空缺口若出現在關鍵 K 棒位置，往往是主力強力宣示的重要訊號，其上漲或下跌的力道自然就大於實體棒。

空單進場的關鍵 K 棒條件

重點 1：**必須是實體黑 K 棒**：空單進場的關鍵 K 棒必須是實體黑 K 棒，若是紅 K 棒則空單不進場，等次日再觀察。

重點 2：**以收盤價做確認**：

◎ 頭頭低且收盤價跌破前面轉折低，才是空頭趨勢確認，這時空單可進場（見圖 3-3-5）。

◎ 空頭趨勢反彈後再下跌的「空頭彈後空下跌」，其進場條件為：實體黑 K 棒收盤價跌破 5 日均線，同時跌破前日 K 棒的最低價。

◎ 空頭趨勢進入盤整之後，盤整跌破的進場條件：實體黑

圖 **3-3-4**　　　　　跳空缺口的多單進場條件

資料來源：技術面選股王

① ②這 2 個位置都是大量跳空的紅 K 棒，且突破前面盤整區，就是回後買上漲位置，之後股價維持多頭走勢。

圖 **3-3-5**　　　　　　以收盤價確認空單進場條件

資料來源：技術面選股王

① 出現一根黑 K 棒，收盤跌破前面轉折低點，之後趨勢就是空頭確認。

② 再出現一根實體黑 K 棒，收盤不但跌破 5 日均線，同時也跌破前日 K 棒的低點，符合空頭彈後空下跌的條件。

③ 這根實體長黑棒一樣符合彈後空下跌的條件，也就是收盤跌破 5 日均線，同時跌破前日 K 棒的低點。

K 棒收盤跌破盤整區的支撐線。

重點 3：實體棒越大越好：實體棒越大代表空方下殺力道越強；反之，若實體棒太小，就表示當天多空勢均力敵，無法辨識主力心態。

一般來說，好的進場的關鍵 K 棒，實體部分一樣至少要大於 2% 才具攻擊力道；若實體部分小於 2%，往往容易出現空頭趨勢股價不跌，反而容易盤整。

同樣觀察圖 3-3-5，3 個空單進場的黑 K 棒，明顯在位置①的實體部分範圍較小，接下來的下跌力道似乎較弱一些，而位置②跟位置③的實體部分都有大於 2%，表示該位置展現出空方攻擊力道，後續也證明股價持續往下。

重點 4：缺口力道大於實體棒：我們已經知道缺口的定義及其研判方式。一樣來觀察圖 3-3-5，位置②彈後空下跌，出現一個向下跳空缺口，展現出空方力道，使股價在接下來幾天出現連續急跌，這一波跌幅高達 15% 左右。可見一個關鍵 K 棒如果同時出現缺口，其下殺力道是非常強勁的。

〽 進場條件③：成交量輔助

　　關鍵 K 棒確認後，最後我們再用成交量來輔助，提高進場的勝率。多單進場的成交量須是前日成交量的 1.3 ～ 1.5 倍以上，除了依據前日成交量來研判大量之外，也常用 5 日均量來確認，也就是進場 K 棒的量要大於 5 日均量，才能確認有上攻力道。

　　不過有些趨勢行進間的進場位置，並沒有明顯的成交量，但還是可以進場，只是後面幾天必須出量。之所以會有這樣的補量情況，是因為趨勢走出來，股價就容易順著趨勢走，有量會上漲，沒量也會上漲；但是有大量，股價才比較容易過前面轉折高點，過了，多頭就會續漲。

　　觀察圖 3-3-6（同圖 3-3-3），這次聚焦在成交量的變化，從圖上可以看到這 3 個多單進場位置，位置①是超大量的多頭確認，之後股價續漲；位置②則是小量的多頭回後買上漲，雖然成交量較位置①小，但股價依然往上漲。所以只要多頭架構不變，股價持續上漲，無論有量沒量都會漲。

　　當股價持續上漲到高檔位置，出現大量、超大量或爆大量，就要提高警覺，高檔大量若股價不漲或是下跌，要立刻處理手上的股票（見圖 3-3-7）。

> ## 圖 3-3-6　多頭架構下 有量無量都會漲

資料來源：技術面選股王

① 出現大量紅 K 棒收盤過前高，多頭確認，之後股價續漲。

② 收較小量的紅 K 棒，是多頭回後買上漲的位置。

③ 雖然成交量較位置①少一些，當天還是收一根實體長紅 K 棒，顯示多頭架構下，有量無量都會漲。

圖 **3-3-7**　　　　高檔爆大量 多單準備停利

資料來源：技術面選股王

① 出現底底高過前高、多頭確認的進場位置，當時股價在 120 元左右。

② ③股價漲到 250 元左右，漲幅達 1 倍已經是多頭趨勢的高檔，同時出現爆大量變盤線及爆量黑 K 棒。在位置③之後出現頭頭低，此時要留意後續走勢，多單準備出場。

有別於多頭趨勢的成交量研判，空頭趨勢行進中的成交量就不是這麼重要了，反而要觀察頭部做頭時是否有大量，若有大量則鎖做空，未來下跌的機率較大。

此外還有一個重要位置，也就是空頭跌到相對低檔時出現的連續爆大量，很可能代表空單回補的進貨量，這時手上有空單的人，也要準備停利（見圖 3-3-8）。

⚒ 進場條件④：雙指標加分

指標種類非常多，使用方式眾說紛紜，因為不同指標有不同的搭配方式，但無論使用哪一種指標，只要能在運用上輔助趨勢操作、提高進場勝率，那就是一個好指標。

其中最重要的關鍵是，指標並不能決定方向，也無法決定進出場點，也就是說，指標只能用來輔助進場確認以及可能改變的方向，無法單靠指標操作股票。

因為股票的漲跌主要還是以趨勢為主，趨勢是多頭，股價就會往上漲；趨勢是空頭，股價就會往下跌，在運用指標上千萬要留意這點。

此外，由於指標種類繁多，所以盡量化繁為簡，只要找到 2 ～ 3 種容易判斷且準確度較高的指標，使用起來得心應手即

圖 3-3-8 低檔連續爆大量 空單準備停利

資料來源：技術面選股王

① 高檔出現大量上影線黑 K 棒，後續股價非但沒有再過高點，反而整理出一個高檔頭部型態，股價持續下跌形成空頭趨勢，而空頭趨勢無論有沒有量都會跌。

② 低檔出現大量實體黑 K 棒，之後股價強力反彈，趨勢轉成短線多頭。

③ 股價再度下跌，連續兩根實體黑 K 棒爆大量，此波下跌低檔就出現了。

④ 後續股價就在這個爆量的十字變盤線上整理打底。

可。我們在走圖操作上固定使用 2 個指標：KD 及 MACD。KD 的參數設定是 5，3，3；MACD 參數設定是 10，20，10（參考章節 2-6 的說明）。

雙指標運用：多頭趨勢

多頭趨勢中運用到指標有 2 個時機，第一個是進場的時候，第二則是高檔研判趨勢是否會改變的時候。

多頭趨勢中，若 K 棒、成交量等都符合進場條件，最後再檢查 KD 是否為 K 值向上，或是 KD 多頭排列、KD 黃金交叉，只要符合其中 1 個條件，KD 指標就算確認完成。此外再同步觀察 MACD 的柱狀體方向，如果是紅柱延長、綠柱縮短、綠柱轉紅柱，同樣只要其中 1 個條件符合，也可以確認是多單進場的指標條件。

KD 與 MACD 這 2 個指標，進場時只要有其中 1 個指標符合條件就可以了。

以多頭趨勢高檔為例，要觀察指標的背離狀況，如果多頭高檔出現 KD 指標的 K 值背離，代表多頭趨勢要轉弱了，同時也要觀察 MACD 的柱狀體，是否也出現背離條件，也就是股價頭頭高，而柱狀體卻是頭頭低。同樣的，雙指標中只要有其中 1 個指標出現背離狀況，手上有多單的投資人就要準備停利了。

圖 **3-3-9**　　　搭配雙指標 確認多頭進場條件

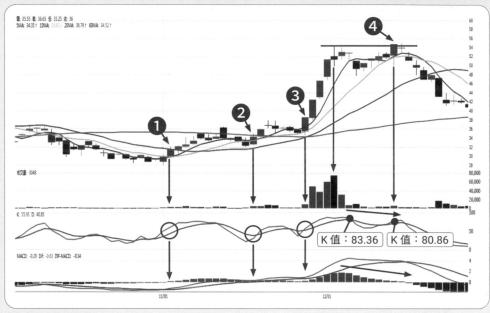

資料來源：技術面選股王

① 多頭確認之後，檢查 KD 指標是多排，也就是 K 值大於 D 值，代表 KD 指標符合進場條件；接著檢查 MACD 指標，發現是黑柱（綠柱）轉紅柱，確認雙指標皆符合進場條件。

② 回後買上漲的位置，一樣先檢查 KD 指標是 K 值向上，符合進場條件；檢查 MACD 發現紅柱持平。由於雙指標中只要有 1 個符合進場條件即可，所以位置②的指標條件也確認符合。

③ 又是回後買上漲的位置，觀察 KD 指標是黃金交叉，符合進場條件；檢查 MACD 發現是紅柱延長，也符合進場條件，因此確認雙指標皆符合進場條件。

④ 出現頭頭高且過前高的高點，但 K 值卻是頭頭低（觀察圖上數值），同時間發現 MACD 的紅柱持續縮短，出現柱狀體背離的狀況，這時可以很明顯發現，高檔一出現指標背離，後續股價就往下，一旦跌破前面的轉折低，趨勢就改變了。

雙指標運用：空頭趨勢

　　空頭趨勢中運用到指標同樣也有 2 個時機，第一是進場時，第二則是低檔研判股價是否會落底止跌的時候。

　　空頭趨勢中若進場條件都符合，最後再檢查 KD 是否為 K 值向下、KD 空頭排列、KD 死亡交叉，只要符合其中 1 個條件，KD 指標就算確認。此外再同步觀察 MACD 的柱狀體方向，如果是綠柱延長、紅柱縮短、紅柱轉綠柱，同樣只要其中 1 個條件符合，也確認是空單可以進場的指標條件。

　　進場時，這 2 個指標只要有其中 1 個符合空單進場條件就可以了。

　　到了空頭趨勢低檔，同樣要觀察指標的背離狀況，如果空頭低檔出現 KD 指標的 K 值背離，就代表空頭趨勢即將止跌打底，同時觀察 MACD 的柱狀體，是否也出現背離條件，也就是股價頭頭低創新低，柱狀體卻出現底底高。同樣的，雙指標中只要有 1 個指標出現背離狀況，手上有空單的投資人就要準備停利了。

　　這裡要特別說明，雙指標背離運用在空頭低檔止跌訊號的準確度，大大高於多頭高檔的止漲研判，主要是因為多頭高檔即使出現指標背離、甚至量價背離，只要出現大量紅 K 棒再過高點，多頭就容易再續漲。

圖 **3-2-10**

搭配雙指標 確認空頭進場條件

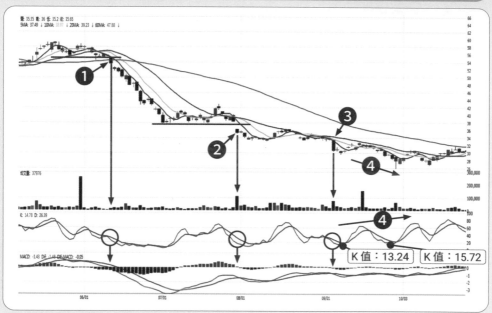

資料來源：技術面選股王

① 空頭確認的進場位置，先檢查 KD 指標是空排，也就是 K 值小於 D 值，代表 KD 指標符合進場條件；接著檢查 MACD 指標，發現是黑柱（綠柱）延長，確認雙指標皆符合進場條件。

② 出現黑 K 棒破低再下跌，一樣檢查 KD 指標是空排，符合進場條件；MACD 指標則是紅柱縮短，確認雙指標符合進場條件。

③ 彈後再下跌的位置，KD 指標一樣是空排，MACD 指標是紅柱轉黑柱（綠柱），雙指標皆符合進場條件。

④ 股價下跌到了這個位置，形成底底低，但是 K 值卻是底底高（觀察圖上數值），同時間 MACD 的黑柱（綠柱）也背離，這時可以明顯發現，低檔一旦出現指標背離，後續股價容易打底，趨勢就會改變。

走圖筆記：

走圖步驟 3
學會停利
會賣才是師傅

　　股市操作有一句諺語：「會買的是徒弟，會賣的才是師傅」，這句話說得一點都沒錯，無論你是用何種方式進場，最終目的都是為了要賺錢。然而，賺錢出場這件事，對散戶而言卻是最艱難的，原因很簡單，因為大家都賠怕了，所以進場後一旦有獲利，就深怕煮熟的鴨子飛了，很容易因為恐慌心態而急忙出場。

　　會有這種不安全感，源自於沒有停利及停損的方法，只知道要進場買股票，但買了之後看到每天股價上上下下，心情也跟著七上八下，最後產生「害怕再賠錢，先賺了再說」的想法，

結果太早出場，好不容易選到的一檔好股票，就這樣被你賣掉了，因而錯失更好的獲利機會。

多單停利 3 條件

多頭趨勢做多條件確認之後，無論進場或出場皆以 5 日均線為主要依據。多頭上漲股價會沿著 5 日均線走，每一天在快收盤時，都要仔細檢查股價有沒有跌破 5 日均線，一旦出現 K 棒收盤跌破 5 日均線，做多者要立即判斷手上部位的獲利，是否有符合下列 3 種狀況的其中一種，才決定是否要出場：

①**獲利未達 10% 目標價**：短線操作的獲利目標以 10% 為主，因為長期觀察下來，一波上漲幅度約略到了 10%，容易出現短線的獲利了結賣壓。所以無論是回後買上漲或盤整突破進場，進場當天除了記錄成本價之外，還要算出 10% 獲利目標價，如果多頭上漲後，股價在到達 10% 獲利目標價之前，就出現黑 K 棒收盤跌破 5 日均線，那麼多單不出場，持續守停損，也就是多單續抱。

②**獲利達到 10% 目標價**：如果多頭上漲期間，股價漲到 10% 獲利目標價後，出現黑 K 棒收盤跌破 5 日均線，在收盤時就要多單出場、獲利了結，然後再等待下一次的進場位置出現。

③**獲利超過** 10%、**達到** 20%：股價強勢上漲，若一波漲幅超過 20%，代表走勢已到相對高檔，此時要居高思危，即使股價尚未跌破 5 日均線，一旦出現高檔變盤線的 K 棒轉折訊號，同時出現爆量現象，多單在當日收盤就要出場，或是待收盤跌破前一日最低點時出場。

經過上述說明，很清楚知道該如何獲利了結，接著再來補充高檔的變盤訊號有哪些種類，若遇到了就要提高警覺。

高檔變盤訊號

① K 棒訊號：出現大量中長黑 K 棒、中長紅 K 棒、長上影線的倒槌變盤線、十字變盤線。

② 出現價量背離、高檔量縮，發生買盤不繼的情況。

③ 高檔爆大量之後出現高點，但股價後續不漲或 3 日沒再創新高，容易反轉下跌。

④ 趨勢高檔，出現 KD 指標背離。

⑤ 趨勢高檔，MACD 紅柱縮短或柱狀體出現背離。

空單停利 3 條件

空頭趨勢做空條件確認之後，無論進場或出場同樣以 5 日均線為主要依據。空頭下跌股價會沿著 5 日均線走，每一天在

快收盤時，都要仔細檢查股價有沒有站上 5 日均線，一旦出現 K 棒收盤站上 5 日均線，做空者要立即判斷手上部位的獲利，是否有符合下列 3 種狀況的其中一種，才決定是否要出場：

①獲利未達 10% 目標價：短線做空的獲利目標一樣以 10% 為主，因為長期觀察下來，一波下跌幅度約略到了 10%，容易出現短線獲利了結的融券回補買盤。所以無論是彈後空下跌或盤整跌破空單進場，當天除了記錄進場成本價之外，還要算出 10% 獲利目標價，如果空頭下跌後，股價在達到 10% 獲利目標價之前，就出現 K 棒收盤站上 5 日均線，那麼空單不出場，持續守停損，也就是空單續抱。

②獲利達到 10% 目標價：如果空頭下跌期間，股價跌到了進場成本價的 10% 獲利目標價，出現紅 K 棒收盤站上 5 日均線，那麼在收盤時就要空單出場，獲利了結。然後再等下一次的進場位置出現。

③獲利超過 10%、達到 20%：股價強勢下跌，若一波跌幅超過 20%，代表走勢已到相對低檔，即使股價尚未跌破 5 日均線，一旦出現連續下跌的黑 K 棒，就要留意是否有止跌變盤線 K 棒，並同步觀察是否有爆量現象，若出現如此情況，空單在當日收盤就要出場，或是待收盤突破前一日最高點時出場。

透過以上說明，就很清楚知道空單該如何獲利了結，我們

再補充低檔變盤訊號的幾個種類，出現這些訊號時就要準備停利出場。

低檔變盤訊號

①K 棒訊號：出現大量中長紅 K 棒、中長黑 K 棒、長下影線的 T 字變盤線、十字變盤線。

②出現低檔價跌量增、低檔爆量、買盤進駐情況。

③低檔爆大量之後見低點，股價後續不跌或 3 日不創新低，易反轉向上。

④趨勢低檔，出現 KD 指標背離。

⑤趨勢低檔，MACD 綠柱縮短或是柱狀體出現背離。

走圖筆記：

走圖步驟 4
5 個方法
建立果斷停損紀律

　　在說明停損方法之前，要特別說明，停損其實就是一個心態跟紀律。有了紀律，同時把正確心態培養好，才能真正執行停損。「停損」是控制風險的唯一方法，「該賠就賠，少賠就是賺」是避開大災難的重要心法，想在股市操作長長久久、穩定獲利，就要深信一句話：留得青山在，不怕沒柴燒。

嚴格執行停損 才有賺回來的本錢

　　如果嚴格執行停損，正常情況下的損失大約在 7%，把風

險控制在這個範圍，還能保有 93% 的本金，接著等待機會、選擇強勢好股（不一定是原來賠錢的那支），只要能夠獲利 7.5%以上，就可以反敗為勝。反之，如果不執行停損，造成巨大損失之後，就真的很難賺回本了。

透過一個簡單的數學公式說明就能清楚知道：如果一檔股票買進 100 元，後續股價下跌停損 10% 出場，賠了 10 元，本金剩下 90 元，後續只要再賺約 12%，就能回到本金 100 元；但如果是 100 元本金停損在 50%，賠了 50 元，代表本金只剩50 元，那這 50 元可是要賺 100% 才能回本。經由這樣的對比，你就能知道設好停損的重要性。

永遠不要做亡羊補牢的事，進場之前就要有設定停損的認知，每次買進一檔股票之後，就要立刻想好認賠出場的價位，這即是「停損點」。

而設定好的停損價位不得任意更改，否則等於沒設，最重要的是嚴格要求自己，一旦股價走勢不如預期到了該停損的時候，要斷然出場、絕不戀棧，絕對要有壯士斷腕的決心及執行力。

為了減少停損次數，進場前就要先確認股票趨勢，多頭只做多單進場，空頭只做空單進場，所有的進場方向都是以順勢交易為主，同時遵循選股條件並確認進場位置才買進，如此就

能提高勝率、減少停損機率，這個章節要教你幾種常用的停損方法。

� 方法①：以進場 K 棒高低點停損

以進場 K 棒的最高點或最低點（含上影線或下影線）作為停損點，這是最簡單及最容易執行的停損法，走圖操作即是運用這種停損方式。

做多停損：守進場紅 K 棒的最低點（含下影線），依照進場 K 棒的條件，還可以區分出幾種停損價設定法：

◎ 進場 K 棒是有量的實體長紅 K 棒，停損幅度 > 7%，則停損改守紅 K 棒的二分之一價。

◎ 進場 K 棒是小紅 K 棒，停損幅度 < 5%，則停損改守進場成本價的 5%。

做空停損：守進場黑 K 棒的最高點（含上影線） 依照進場 K 棒的條件，還可以區分出幾種停損價設定法：

◎ 進場 K 棒是實體長黑 K 棒，停損幅度 > 7%，則停損改守黑 K 棒的二分之一價。

◎ 進場 K 棒是小黑 K 棒，停損幅度＜ 5%，則停損改守進
　場成本價的 5%。

⚅ 方法②：以趨勢轉折高點或低點停損

當趨勢在行進的時候，每次出現轉折高或轉折低，都是後
續走勢的壓力與支撐，是趨勢是否改變的重要依據。因此，趨
勢出現轉折高或轉折低可以作為停損的依據。

做多以轉折低點作為停損：多頭出現轉折向上，這個轉折
低點不可以被跌破，如果跌破，走勢就會產生「底底低」，這
時多頭趨勢「頭頭高、底底高」的架構就被破壞，自然不適合
再做多，因此多單要出場，在轉折低點設立停損。

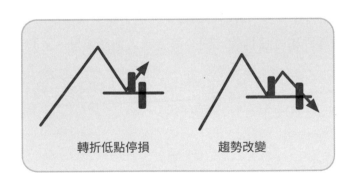

轉折低點停損　　　趨勢改變

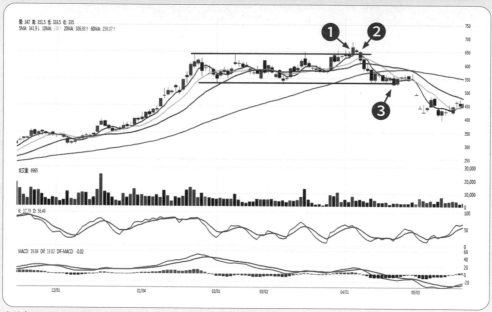

図 **3-5-1** 　　　假突破、真下跌 反手做空

資料來源：技術面選股王

① 出現大量實體長紅 K 棒，收盤突破盤整區壓力線，多單進場。

② 出現黑 K 收盤跌破 5 日均線，同時再度進入盤整區間，此時手上多單要盡速停損出場。

③ 股價持續下跌，把盤整區的支撐線跌破，形成「假突破、真下跌」，此時空單進場，停損價則守黑 K 棒的最高點。

盤整突破的多單進場位置，停損可以設在突破盤整紅 K 棒的最低點（含下影線），該紅 K 棒一旦被跌破則多單停損出場，如果繼續跌破盤整區下頸線，即為「假突破、真下跌」，此時反手做空，空單進場（見圖 3-5-1）。

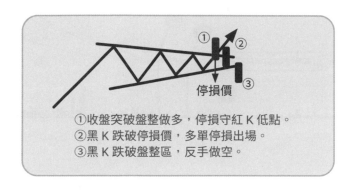

①收盤突破盤整做多，停損守紅 K 低點。
②黑 K 跌破停損價，多單停損出場。
③黑 K 跌破盤整區，反手做空。

做空以轉折高點作為停損點：空頭出現轉折向下，這個轉折高點不可以被突破，如果突破，走勢就會產生「頭頭高」，這時空頭趨勢「頭頭低、底底低」的架構就被破壞，自然不適合再做空，因此空單要出場，在轉折高點設立停損。

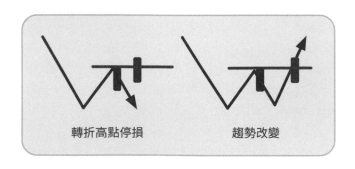

轉折高點停損　　　　趨勢改變

資料來源：技術面選股王

① 出現黑 K 收盤跌破盤整區支撐線，空單進場，次日出現止跌紅 K 棒後，股價又進入盤整區間內。

② 紅 K 棒收盤站上進場黑 K 的高點，空單於當日停損出場。

③ 出現大量實體長紅棒突破盤整，形成「假跌破、真上漲」，此時多單進場後，停損守在紅 K 棒最低點。

　　盤整跌破的空單進場位置，停損設在跌破盤整黑 K 棒的最高點（含上影線），該黑 K 棒一旦被突破則空單停損出場，如果股價繼續突破盤整區上頸線，即為「假跌破、真上漲」，此時反手做多，多單進場（見圖 3-5-2）。

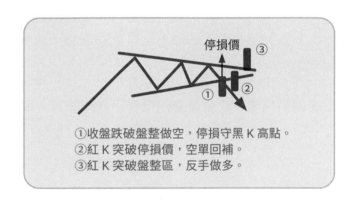

①收盤跌破盤整做空，停損守黑 K 高點。
②紅 K 突破停損價，空單回補。
③紅 K 突破盤整區，反手做多。

📉 方法③：固定停損比例法

　　進場後依個人風險忍受程度，設定固定比例作為停損，這也是一種簡單直覺式的停損法，可以將損失控制在自己可忍受的範圍內。

　　固定停損法是以進場成本價的 2% ～ 10% 來設定，但在下面幾種情況下，停損會設在 10%，主要是因為股價在打底初漲或做頭起跌時，主力經常會洗盤消化賣壓或誘多出貨，震盪幅度較大。

◎ 底部盤整區突破，或第一次回測再上漲的位置。

◎ 頭部跌破，或第一次反彈再下跌的位置。

上述 2 種情況下守 10% 停損，有一個最重要的條件，就是趨勢不可以改變，一旦趨勢改變，就要立即出場，不可再堅守停損 10%。

除了這 2 種狀況之外，一般多頭上漲或空頭下跌，固定守 5% ～ 7% 停損即可。另外，還可以用固定停損比例法，設定停損位置是多頭高檔末升段或是空頭低檔下跌末跌段，若遇到大量長紅 K 棒或長黑 K 棒進場時，停損可以設緊一點改守 2% ～ 3.5%。

此外，若是逆勢搶反彈做多或逆勢搶回檔做空，停損則守 2%，在這些相對高檔或低檔的位置進場，把停損守緊一點才能減少損失。

方法④：絕對停損的位置

進場後趨勢反轉了，走勢已明顯與操作方向相反，這時無論如何都要出場的位置稱為「絕對停損」，有以下幾個狀況：

◎ 當做多進場，後續走勢變成盤整的位置。

◎ 當做空進場，後續走勢變成盤整的位置。

◎ 當盤整向上突破做多，後續走勢變成盤整跌破。

◎ 當盤整向下跌破做空，後續走勢變成盤整突破。

◎ 逆勢做多，收盤跌破做多的上漲紅 K 棒。

◎ 逆勢做空，收盤突破做空的下跌黑 K 棒。

📈 方法⑤：趨勢不對要立刻出場

在下面的情形，即使沒有達到停損也要出場，否則容易多賠或產生重大虧損：

◎ 順勢操作，無論做多或做空，當進場沒多久，趨勢就發生改變，要立刻出場，否則等到停損時會賠得更多。

◎ 逆勢交易時，只要走勢不對，就必須立刻出場，不可拘泥在停損價位，否則套牢無法解套，會損失慘重，切記！切記！

在進場前充分研判一檔股票，符合條件才買進，結果走勢卻背道而馳，基本上已經不能奢望還能大漲或大跌，所以要停損出場。同時不能超過 10% 停損，否則損失過大，日後難以反敗為勝。

最後要提醒，操作最大忌諱向下攤平，會造成越攤損失越大，不可收拾的後果。

3-6
隨時檢討與改善
勤練是關鍵

前面詳細說明了走圖操作流程及注意事項，然而知道是一回事，做不做得到又是一回事——做 1 次會了解，做 1 萬次就會成功。在《練習的力量》這本書中，作者破解「天份的迷思」，書中提到網球名將阿格西回憶小時候父親跟他說的一句話：假如你 1 天可以練打 2,500 顆球，1 週就打了 17,500 顆球，1 年將近 100 萬顆球，1 年練 100 萬顆球的小孩一定天下無敵。

作者也提到莫札特在很小的時候就展露音樂的天份，他父親本身就是音樂教育家，莫札特在很小的時候就開始接受音樂訓練，估計在 6 歲前就已經累積了 3,500 個小時的練習時間，

這不是音樂天份，是努力訓練的成果

〽️ 重複練習 當作真金白銀操作

　　社會上多數的成功都被認定是運氣好、有天賦，這些一定是成功的因素之一，但在這些之外其實還有一個關鍵，就是「重複練習」。

　　暢銷著作《異數》的作者麥爾坎‧葛拉威爾提出「1萬小時定律」，他在書中指出：「人們眼中的天才之所以卓越非凡，並非天資超人一等，而是付出了持續不斷的努力。只要經過1萬小時的錘鍊，任何人都能從平凡變成超凡。」

　　如同在《練習的力量》這本書中提到，人們口中所謂的天才、英雄，其實背後都是來自超過1萬次以上的練習。技術分析走圖也是一樣。傑西‧李佛摩提到：「大多數人運用技術分析圖都賺不到錢，探究其原因就是，這些人根本不相信技術分析。」真的是一針見血。

　　許多人花費時間學習技術分析，上網找資料、每天準時觀看財經節目，邊看邊做筆記，積極的人更直接報名上技術分析課，這一切的努力無非都是想透過技術分析在股市中賺錢，可是一旦真的要進場交易買股票了，卻把所學的一切拋

諸腦後，依舊憑感覺跟情緒進出場操作。

　　探究原因，其實只有兩點：第一就是沒有一套追蹤趨勢、穩定獲利的操作 SOP，其二就是沒有重複不斷地大量練習。

　　現在，我們已經知道一整套的走圖 SOP 了，接下來就是要大量練習走圖，如同阿格西的父親說，如果我們可以 1 週走 1 張圖、1 個月走 4 張圖，1 年就走了 48 檔股票，2 年下來就將近 100 檔股票了。

　　在練習走圖當下，除了完全依照走圖 SOP 操作之外，還有一個最重要的「心法」，就是要把走圖當成真正真金白銀操作，也就是在心態上要當成真正操作股票，要把日線圖上的每一根 K 棒，當成每一天股價走勢，如此才能真正「融入」技術分析圖。

　　在走圖覆盤過程中，如果發現操作出來不如預期，或是趨勢判斷錯誤，可以馬上把圖倒回去仔細再檢查，看看是哪一個環節判斷錯誤，將其修正後再出發。

　　如此在一張圖上不斷自我訓練，感覺就很像回到過去、修正錯誤，然後創造未來，每一次的修正看似是重新確認操作條件，事實上透過這樣不斷的走圖修正也是認識自己的很好訓練，人生不就是透過種種事件的發生來檢討自己，進而創造、改變嗎？

⚲ 初學走圖 只用閒錢操作

一般來說，剛開始走圖都會有點挫折感，主要來自於對技術分析圖上的趨勢方向、K棒條件、均線判斷或是指標如何確認並不是很清楚。只要發現哪個確認條件卡住了，趕快回過頭再去加強基礎知識，這樣反覆練習大約100張走圖後，就可以實際進入股市操作。

進場後一定要依照走圖SOP操作，任何一個環節都不能省略。同時進場資金請先投入小額、固定的一筆資金，把這一筆資金當成是股市投資成本，因為初學進場時，操作SOP還沒有真正練熟，加上可能遇到突發事件無法應變等因素，都會造成資金虧損，所以這一筆投入操作的錢必須是自有資金，而且是閒錢、沒有資金調度的問題。

進場時以一檔股票操作，暫時不動用到信用交易，如此嚴格地控制資金、完全相信技術分析及走圖SOP，才能一步一步累積出非凡的操作功力，進而用技術分析圖創造千萬財富的人生。

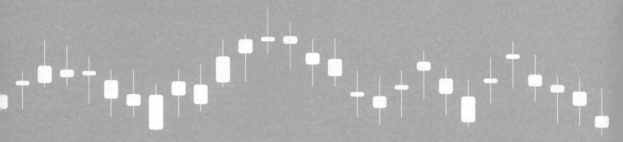

第 **4** 章

實戰演練

抓對多頭
買在起漲點

4-1

戰前準備
養成良好習慣

古人智慧「讀書千遍，其義自見」，這句話用在走圖練功上更是貼切不過，可謂「走圖千遍，其義自見」，透過不斷地走圖、練圖，仔細推敲每一根 K 棒的變化，進而研判趨勢強弱的轉折，如此一來不但可以在技術分析圖上洞燭先機，也因為走圖的過程必須把心靜下來，才能順利完成實戰演練，故也可以讓我們練習心定，妄念少了、雜念少了，思緒就更透澈了。

在開始走圖之前，我們還要有一些準備工作及找圖訣竅，把這些確認好，才能在近 2,000 檔上市櫃股票中，找到要走圖覆盤的股票。

⚲ 每週開盤前收心 固定時間練走圖

首先要穩定情緒，同時留給自己一段可以找圖做功課的時間，這一點非常重要。根據我長期走圖覆盤的經驗，只要在練習走圖的當下，心情無法穩定或雜事太多，通常都會無法進行，還會越走越亂。

最好是能夠固定一個時間，例如每週日晚上 9 點左右，為什麼要選擇這個時間？因為經過六、日 2 天假期的休息，該做的事也差不多完成，應該要利用禮拜一開盤前的晚上收收心，把國際股市再看一遍、產業類股指數的技術分析圖檢視一遍，再把自己鎖定或手上持有股票的週線圖仔細看一下，檢查中期趨勢有沒有改變。

看完之後，心裡對隔天股市方向就有一些看法了，調整完情緒後就可以開始找圖、走圖，完成這些功課，就可以休息就寢。

另外還有一個必備工具，就是一台桌上型電腦或是筆記型電腦，如果可以，也請準備一台印表機，因為走圖練習會走一個完整趨勢，而你需要完整記錄下來。如果你找到的是多頭趨勢的股票，那麼就會從底部打底、完成多頭確認的第一個進場位置開始走圖，一直走到多頭趨勢改變，變成盤整或是空頭趨勢為止。

相反的，如果找到空頭趨勢的股票，就要尋找有頭部成形

的股票，也就是看到一檔股票出現頭頭低、底底低的空頭確認後，就可以列入空頭走圖的第一個進場位置，一直走到空頭趨勢改變，進入盤整或多頭趨勢，才結束空頭走圖追蹤。

📈 記錄關鍵位置 備好紙跟筆

一張走圖練習最少需要 3 個月以上的期間，當你找到一張可以練習的技術分析圖，可以把圖印下來，在圖上面記錄關鍵位置的條件。如圖 4-1-2 這檔股票，在 2023 年 1 月 6 日的位置①，出現紅 K 棒收盤過前面轉折高點，符合底底高型態，多頭確認。

我們從位置①開始走圖練習，同時把每一個關鍵位置的條件記錄下來，只要多頭趨勢仍在進行就持續記錄，一直到 2023 年 3 月 23 日位置⑫的空頭確認，才停止多單操作，結束這張多頭趨勢的走圖練習。

從位置①到位置⑫，我們追蹤這檔股票將近 4 個月時間，可以把這張圖列印在 A4 紙上仔細記錄，這樣做有一個好處，也就是把每週練習的圖歸檔，日後可以重複研究加深印象。

把技術分析圖列印下來，可以在紙上書寫每一根關鍵 K 棒的重要條件，如圖 4-1-2 所示，至於要記錄哪些條件？哪根 K

棒要進場？哪根 K 棒要停損停利？這就是我們接下來要說明的走圖內容了！

至今，我還是維持每週至少 1 張走圖練習，透過觀察一根一根 K 棒並記錄起來，每一次進場彷彿是真的把錢投資在這檔股票上面，所以一樣小心確認，無論操作下來是獲利或損失，我都會把圖倒回去檢討。如此操作長期下來，雖然沒有真正進場，但卻累積大量的走圖操作經驗，對趨勢的掌握度不斷提高，當實際進場時遇到高風險位置時，也能立即辨識並停損出場。

有時候要記錄的內容較多時，我會另外準備一個表格，專門用來記錄文字內容（如圖 4-1-1），提供給讀者參考。表格設計簡單就好，不需要太複雜，只要不斷記錄就可以了，當你把這些前置作業做好，就可以開始走圖。

圖 **4-1-1** 善用表格記錄走圖關鍵位置

股名：群創（3481）	鎖股期間：3 個月
	總報酬：
① 2023/1/6 多頭確認，多單進場	⑦ 2023/2/14 多頭回後買上漲
② 2023/1/12 多頭回檔	⑧ 2023/2/24 多頭回檔
③ 2023/1/30 多頭回後買上漲	⑨ 2023/3/3 多頭回後買上漲
④ 2023/2/3 多頭回檔	⑩ 2023/3/9 多頭回檔
⑤ 2023/2/7 多頭回後買上漲	⑪ 2023/3/14 多頭回檔破前低，趨勢改變
⑥ 2023/2/10 多頭回檔	⑫ 2023/3/23 空頭確認

圖 4-1-2 走圖演練 群創（3481）：2023/1/6 ～ 2023/3/23

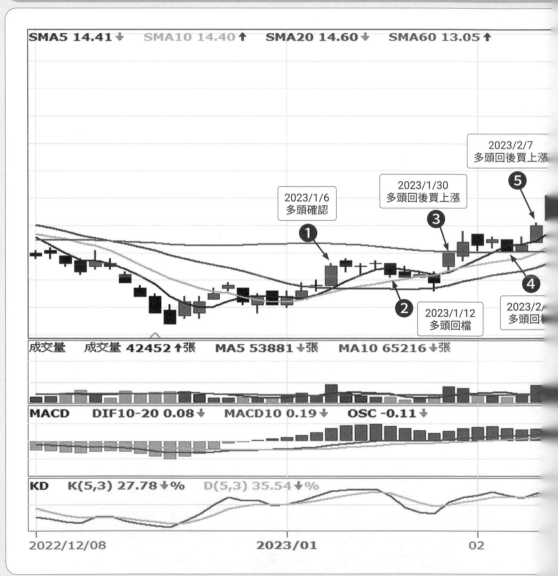

SMA5 14.41↓   SMA10 14.40↑   SMA20 14.60↓   SMA60 13.05↑

2023/2/7
多頭回後買上漲

2023/1/30
多頭回後買上漲

2023/1/6
多頭確認

❶

❸

❺

❷

❹

2023/1/12
多頭回檔

2023/2/
多頭回檔

成交量   成交量 42452↑張   MA5 53881↓張   MA10 65216↓張

MACD   DIF10-20 0.08↓   MACD10 0.19↓   OSC -0.11↓

KD   K(5,3) 27.78↓%   D(5,3) 35.54↓%

2022/12/08   2023/01   02

資料來源：XQ 全球贏家

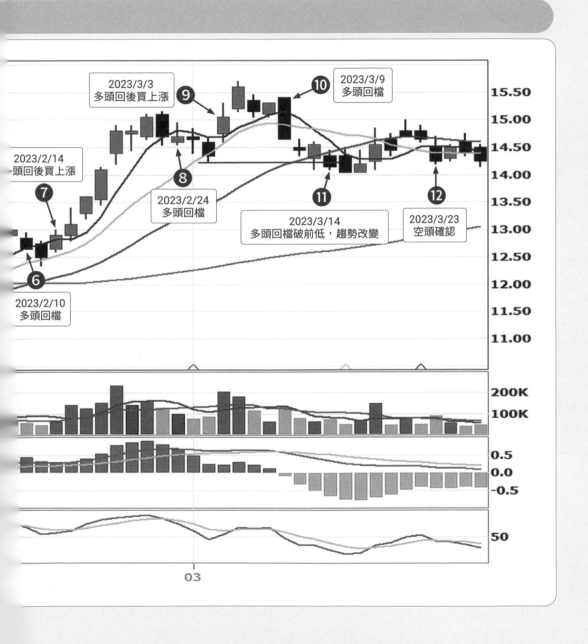

4-2

多單操作走圖演練①
多頭型態基礎線形

我們再來複習前面章節教的操作邏輯及進出場條件，隨時把操作 SOP 掛在嘴邊、放在心上，如此在面對每天開盤後的波動，就能得心應手、沉著應對，情緒不再隨著盤面走勢上下起伏。

謹記 SOP 複習多單進場步驟

步驟①選股：選到一檔符合多頭趨勢的股票，也就是符合頭頭高、底底高的型態，就可以開始鎖股，並存入自選股每天追蹤。

步驟②**進場**：即將收盤前，在日線圖上檢視鎖股資料夾中的每檔股票，是否符合多單進場條件，如果都符合就於當日多單進場。

步驟③、④**停利或停損**：進場當日立刻記錄該檔股票的操作策略，包含：①進場成本價、② 5% 停損價、③ 10% 獲利目標價。

🎯 **多頭確認的進場條件：**

☑ 底底高，紅 K 棒收盤站上前面轉折高點。

☑ 收盤價站上月線（20 日均線）。

☑ 3 條均線方向向上（5 日均線、10 日均線、20
日均線）。

☑ 有大量：觀察今日成交量是否為前日的 1.5 倍
以上，或是大於 5 日均量，符合其一即可。

☑ KD 指標是否符合：K 值向上、KD 多頭排列、
KD 黃金交叉，符合其一即可。

☑ MACD 指標是否符合：紅柱延長、綠柱縮短、
綠柱轉紅柱，符合其一即可。

KD、MACD 雙指標只要有其中 1 個條件符合即可，
如果雙指標都符合，進場條件更加穩固。

🎯 多頭回後買上漲的進場條件:

☑ 多頭趨勢股價回檔修正。

☑ 紅 K 棒收盤站上 5 日均線,同時站上前日 K 棒的最高價。

☑ 收盤價站上月線(20 日均線)。

☑ 有大量:觀察今日成交量是否為前日的 1.5 倍以上,或是大於 5 日均量,符合其一即可。

☑ KD 指標是否符合:K 值向上、KD 多頭排列、KD 黃金交叉,符合其一即可。

☑ MACD 指標是否符合:紅柱延長、綠柱縮短、綠柱轉紅柱,符合其一即可。

KD、MACD 雙指標只要有其中 1 個條件符合即可,如果雙指標都符合,進場條件更加穩固。

🎯 盤整突破的進場條件:

☑ 趨勢盤整末端,出現實體紅 K 棒,收盤突破盤整區上頸線。

☑ 收盤價站上月線(20 日均線)。

☑ 有大量:觀察今日成交量是否為前日的 1.5 倍以上,或是大於 5 日均量,符合其一即可。

☑ KD 指標是否符合:K 值向上、KD 多頭排列、KD 黃金交叉,符合其一即可。

▼接下頁

☑ MACD 指標是否符合：紅柱延長、綠柱縮短、綠柱轉紅柱，符合其一即可。

KD、MACD 雙指標只要有其中一個條件符合即可，如果雙指標都符合，進場條件更加穩固。

這裡特別說明，我們在前面列出多種停損及停利方式，實際上在操作的過程中，盡量以簡單、容易執行的方式操作。讀者也可以自行調整停損條件，無論執行哪一個條件，一旦做多進場後續走勢不如預期，跌破自己設定的停損價，就一定要停損出場，這是最重要的一點。

另外，進場成本價在走圖操作記錄中，會以當天收盤價格為主，但實際操作中，同一檔股票每個人的進場價格一定不一樣，所以當你真正投入股市後，「成本價」就以實際進場價為主。

⊗ 走圖實戰：以佰研（3205）為例

以上步驟與條件確認清楚後，接著就以佰研（3205）這檔股票為例，觀察其在 2022 年 6 月 20 日到 2022 年 8 月 11 日的多頭行進路線，實際進行走圖演練。

圖 4-2-1 走圖分析①

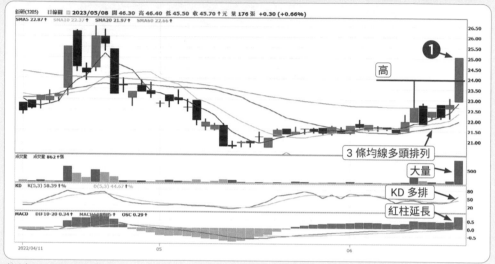

資料來源：XQ 全球贏家

2022 年 6 月 20 日

　　這是一檔多頭趨勢股票，在位置①之前可以觀察到均線已呈現 3 線多頭排列，K 線也進入盤整，此時應該鎖股追蹤。

　　到了 6 月 20 日這天（位置①），走勢突然改變，當天出現一根實體長紅棒，收盤價 25.05 元，過了前面轉折高點，符合底底高、頭頭高的多頭確認條件，同時成交量 864 張也遠遠超過前日的 62 張，屬於低檔爆大量。

　　同步觀察均線，當日收盤價站到季線（60 日均線）之上，而且 3 條均線呈現 5 日均線 > 10 日均線 > 20 日均線的多頭排列。

　　接著再確認最後一個指標條件：KD 與 MACD，發現 K 值（58.39）> D 值（44.67），呈現 KD 多頭排列，MACD 則是紅柱延長。雙指標完全符合走圖操作 SOP 中的多單確認進場條件，於是於當日快收盤時多單進場。

> ### 記錄進場操作 ....
>
> ☆ 進場成本價：25.05 元（方便走圖記錄，以當日收盤價為主）
> ☆ 5% 停損價：23.8 元（四捨五入取到小數點第 1 位）
> ☆ 10% 獲利目標價：27.6 元
> ....

　　多單進場後，每天收盤前檢視股價有沒有跌破停損價，如果
沒有跌破且開始遠離停損價，就表示我們開始賺錢了，可以改守
停利價格。

走圖分析②

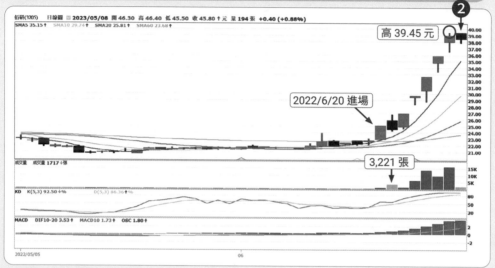

資料來源：XQ 全球贏家

2022 年 6 月 29 日

在 6 月 20 日的位置①進場之後，次日出現更大成交量（3,221 張）的實體長黑 K 棒，表示當日出現了一些賣壓，但也無須驚慌，因為剛進場的策略是先守停損價，只要收盤沒有跌破停損，就多單續抱。

後續果然股價持續上漲，陸續出現跳空向上的紅 K 棒，價漲量增是標準的多頭趨勢。同時也可以觀察到均線已呈現 4 線多排，顯示這一波多頭漲勢非常強勁，股價跟均線之間的距離也逐漸拉大，這時多單要隨時準備，密切觀察是否出現停利條件，一旦出現高檔大量或高檔黑 K 等符合多單停利條件，就要先獲利了結出場。

6 月 29 日的位置②，出現一根小紡錘黑 K 棒，雖然黑 K 實體部分較小，但其實在前一天（6 月 28 日）就已經出現高檔訊號了，6 月 28 日最高點 39.45 元，已經遠遠超過 10% 獲利目標價的 27.6 元，獲利高達 57%。而且這

天還有一個重要訊號，就是高檔爆大量，高檔爆大量加上漲幅過高，極容易引發賣壓，但因為收盤是紅 K 棒，所以當天暫不出場，等待次日再觀察。

次日就是位置②，收一根黑 K 小紡錘線，出現黑 K 代表當日賣方力道強於買方。由於這一波漲幅超過 20%，加上高檔已經出現大量、黑 K 棒，符合停利條件，所以多單出場，為方便計算，我們以收盤價為停利價賣在 38.5 元，此筆交易獲利達 53.7%。

記錄出場操作 ....

☆ 停利價：38.5 元　　　　　　　☆ 獲利：53.7%

....

圖 **4-2-3** 走圖分析③

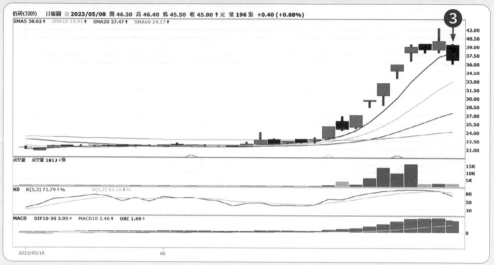

資料來源：XQ 全球贏家

2022 年 7 月 1 日

　　多頭出場後，次日的位置③，出現黑 K 收盤跌破 5 日均線，多頭趨勢正式回檔修正。但持續觀察均線，仍然是 4 線多頭排列的多頭趨勢，所以持續鎖股，等待下一次進場位置出現。

圖 4-2-4　　　　　　　　走圖分析④

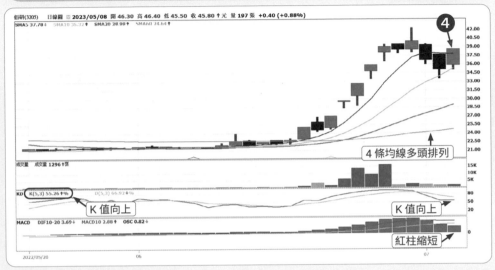

佰研(3205)　日線圖　2023/05/08 開 46.30 高 46.40 低 45.50 收 45.80 ↑元 量 197 張 +0.40 (+0.88%)

4 條均線多頭排列

K 值向上　　　K 值向上

紅柱縮短

資料來源：XQ 全球贏家

2022 年 7 月 5 日

這天又出現一根實體長紅棒，收盤價站上了 5 日均線，且把前日黑 K 棒的高點也站上，顯示出多頭攻擊力道，是一個多頭回後買上漲的進場位置。

接下來陸續確認：

① 股價持續在月線（20 日均線）之上，且月線向上，均線呈現 4 線多排列。
② 當日成交量與前一日差不多，屬於小量，之後要陸續出量，股價才易續漲。
③ KD 指標顯示是 K 值向上，雖然 MACD 柱狀體是紅柱縮短，但 2 個指標只要有 1 個符合多頭進場條件就可以了。

因此，以上都有符合多頭回後買上漲的進場條件，可在快收盤時多單進場。

記錄進場操作

☆ 進場成本價：38.6 元（當日收盤價）　　☆ 5% 停損價：36.7 元
☆ 10% 獲利目標價：42.5 元

圖 4-2-5　走圖分析⑤

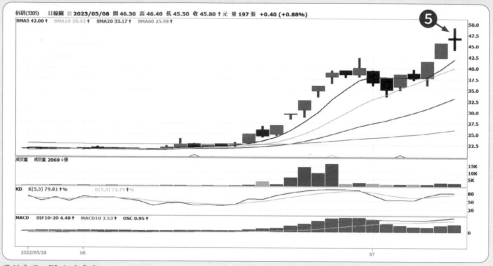

資料來源：XQ 全球贏家

2022 年 7 月 11 日

　　這天收一根黑 K 變盤線，顯示這一波多頭再上漲出現變化，多空出現勢均力敵的現象，要特別留意隔日的股價走勢。次日如果開高走高，則是多頭續漲，若是開低走低收黑 K 棒，則是多頭回檔了。

圖 4-2-6　走圖分析⑥

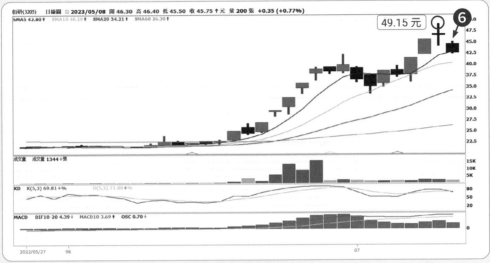

資料來源：XQ 全球贏家

2022 年 7 月 12 日

　　這天開低盤收了一根黑 K 棒，而且收盤價跌破了 5 日均線，檢查一下前日高點 49.15 元，已經超過 7 月 5 日（位置④）進場時，設定的 10% 獲利目標價 42.5 元。

　　漲幅超過 10% 獲利目標價後，出現黑 K 棒收盤跌破 5 日均線，這是多單停利條件，所以在這天收盤時獲利了結。

記錄出場操作

☆ 停利價：42.6 元　　　　　　　　　☆ 獲利：10.4%

圖 **4-2-7**　　　　　　走圖分析⑦

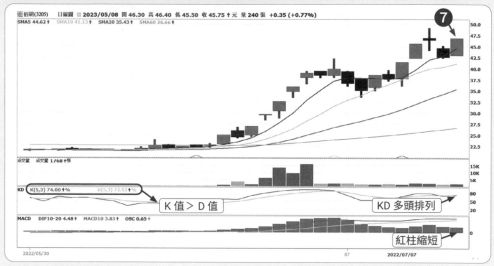

資料來源：XQ 全球贏家

2022 年 7 月 13 日

　　繼前日跌破 5 日均線，這天又出現紅 K 棒，收盤站上 5 日均線，回後再上漲的同時，也站上前日黑 K 棒的高點，股價多頭續漲。

　　接下來陸續確認：

① 股價持續在月線之上，且月線向上，均線持續呈現 4 線多頭排列。

② 成交量跟前一日差不多，屬於小量，後續要出量，股價才容易續漲。

③ KD 指標是 KD 多頭排列，MACD 指標則是紅柱縮短，其中一個指標符合多單進場條件即可。

　　因此，以上都有符合多頭回後買上漲的進場條件，可在快收盤時多單進場。

記錄進場操作

☆ 進場成本價：46.85 元（當日收盤價）　　☆ 5% 停損價：44.5 元

☆ 10% 獲利目標價：51.5 元

走圖分析⑧

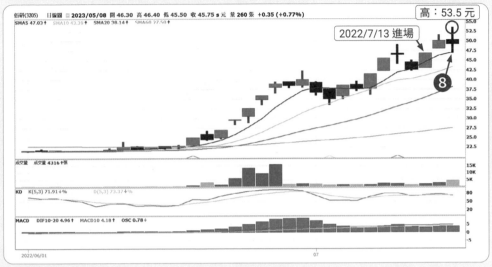

資料來源：XQ 全球贏家

2022 年 7 月 15 日

　　於 7 月 13 日多單進場後，次日出現一個跳空過前高的紅 K 棒，代表多頭續勢。但在 7 月 15 日的位置⑧，再度出現一根帶有長上影線跟長下影線的 K 棒，而且還有明顯大量，代表再度出現獲利了結的賣壓，觀察當日最高價 53.5 元，有超過 10% 獲利目標價 51.5 元，手上的多單準備停利。

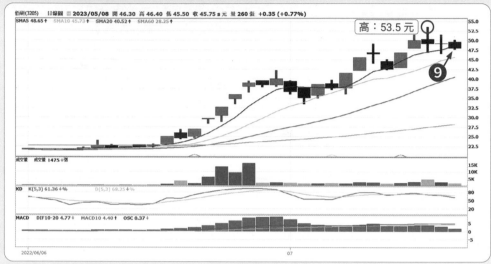

圖 **4-2-9** 走圖分析⑨

資料來源：XQ 全球贏家

2022 年 7 月 19 日

　　這天收盤跌破 5 日均線，從圖上觀察到前日收一根變盤線，加上位置⑧的變盤線，已經連續出現 2 根變盤線，代表這 2 天股價上上下下沒有方向，直到 7 月 19 日這天（位置⑨）收盤跌破了 5 日均線，股價正式回檔。

　　而在位置⑧，轉折高點 53.5 元已經超過了獲利目標價 51.5 元，所以這天再度回檔之後，多單要出場了。

記錄出場操作 ....

☆停利價：48 元（當日收盤價）　　　　☆獲利：2.5%

....

圖 4-2-10　　走圖分析⑩

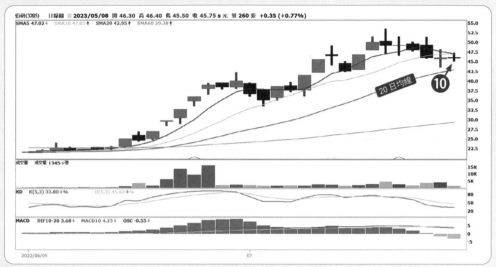

資料來源：XQ 全球贏家

2022 年 7 月 22 日

多頭回檔之後，從圖上明顯看到，股價下方有一條重要均線，也就是 20 日均線，由於這條均線的方向向上，所以形成一個支撐力道。

位置⑩股價又出現連續 2 根十字變盤線，所以要特別留意次日的開盤走勢，如果次日是開低走低收黑 K 棒，容易把 20 日均線跌破，一旦跌破這個重要均線，就代表跌破這 1 個多月以來投資人的平均成本價，多頭趨勢容易轉弱；相反的，如果次日是開高走高收紅 K 棒，代表 20 日均線發揮支撐作用，多頭容易再續勢。

圖 **4-2-11**　　　　　　　走圖分析⑪

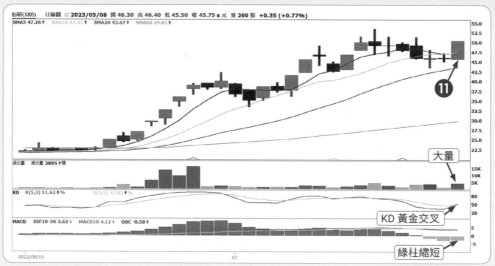

資料來源：XQ 全球贏家

2022 年 7 月 25 日

這天是開高走高收了一根實體紅 K 棒，這是回後再上漲的確認，同時收盤站上前日變盤線的高點，股價多頭續漲。

接下來陸續確認：

① 股價持續在月線之上，且月線向上，均線持續呈現 4 線多頭排列。

② 當日成交量 3,894 張，大於前日的 1,345 張，約略有 2 倍漲幅，屬於爆大量上漲。

③ KD 指標則是 KD 黃金交叉，加上 MACD 綠柱縮短，以上都有符合多頭回後買上漲的進場條件，可在快收盤時多單進場。

記錄進場操作

☆ 進場成本價：50.4 元（當日收盤價）　　　☆ 5% 停損價：47.9 元

☆ 10% 獲利目標價：55.4 元

圖 **4-2-12** 　　　　　　　走圖分析⑫

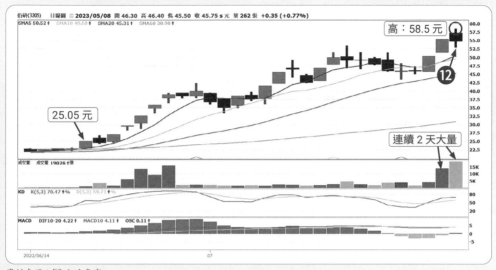

資料來源：XQ 全球贏家

2022 年 7 月 27 日

　　多頭再上漲後出現連續 2 根大量的 K 棒，這天（位置⑫）黑 K 紡錘線的成交量，還大於前一日紅 K 棒的量。雖然均線仍然 4 線多頭排列，但出現這樣的大量，必須檢視一下股價當下的位階。

　　此波多頭上漲的起漲價位，可以觀察位置①的進場成本為 25.05 元，再看看位置⑫這根黑 K 棒的高點為 58.5 元，算起來漲幅已經超過 1 倍來到 1.33 倍了，符合多頭高檔的條件。經過長期統計，多頭上漲 1 倍，主力容易獲利了結出場，所以在位置⑫的多單要準備停利了。

圖 **4-2-13**　　　　走圖分析⑬

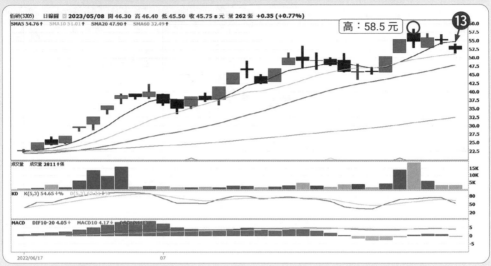

資料來源：XQ 全球贏家

2022 年 8 月 1 日

　　這天出現一根多頭回檔的黑 K 棒，收盤跌破 5 日均線，雖然股價已經到了多頭趨勢的高檔位置，但還是要確認當天是否符合停利條件。

　　由於前面位置⑫的轉折高點為 58.5 元，已經超過 10% 獲利目標價 55.4 元，如此一來這天的黑 K 回檔，就符合停利條件，多單可以出場。

記錄出場操作

☆ 停利價：52.5 元（當日收盤價）　　　　☆ 獲利：4.2%

圖 **4-2-14** 走圖分析⑭

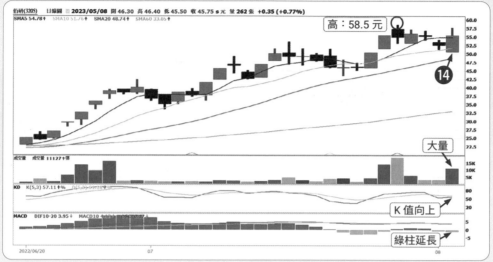

資料來源：XQ 全球贏家

2022 年 8 月 2 日

多頭回檔後的次日（位置⑭），出現紅 K 棒站上 5 日均線，形成回後再上漲，而且也有過前日黑 K 的高點，符合回後買上漲的條件。接下來確認：

① 股價持續在月線之上，且月線向上，均線呈現 4 線多頭排列。

② 成交量 11,127 張大於前日 2,811 張，漲幅超過 2 倍，再次爆大量上漲。

③ KD 指標 K 值向上，MACD 綠柱延長，有 1 個指標符合即可。

以上皆符合多頭回後買上漲的進場條件，多單可進場。但這裡已是多頭趨勢高檔，雖然符合多頭再進場的條件，但持續上漲爆量，若股價沒有突破位置⑫的高點 58.5 元，趨勢容易改變，所以這天進場的多單要嚴守停損。

記錄進場操作

☆ 進場成本價：55.5 元（當日收盤價）　　☆ 5% 停損價：52.7 元
☆ 10% 獲利目標價：61 元

圖 **4-2-15** 走圖分析⑮

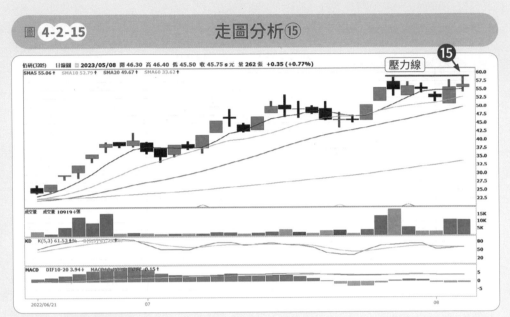

資料來源：XQ 全球贏家

2022 年 8 月 3 日

　　這天又出現一根變盤線，仔細觀察可以發現最高價 58.7 元，跟前面轉折高點的 58.5 元非常接近。這種狀況出現時，就要密切注意隔天的股價走勢了。

　　隔天可以說是只能上漲不能跌，如果上漲收盤再過前面轉折高點 58.5 元，那麼就是多頭續漲；反之，若明天不漲反收黑 K，且再度跌破 5 日均線，則趨勢容易進入盤整。

圖 **4-2-16** 走圖分析⑯

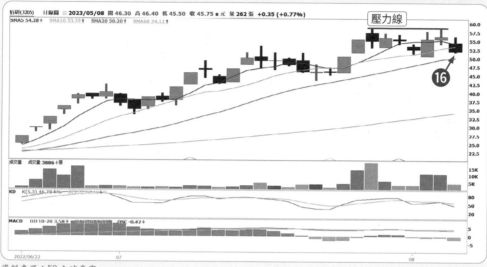

資料來源：XQ 全球贏家

2022 年 8 月 4 日

　　這天果然出現遇壓的回檔，黑 K 收盤跌破 5 日均線，且收盤價 52 元已經跌破位置⑭進場的停損價 52.7 元，一跌破停損價，就要出場。

記錄出場操作 ....

☆ 停利價：52 元（當日收盤價）　　　　　☆ 獲利：－6.3%

....

圖 4-2-17　走圖分析⑰

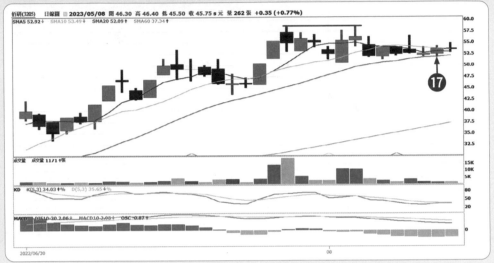

資料來源：XQ全球贏家

2022 年 8 月 11 日

　　趨勢回檔後遇到月線支撐，股價沒有再下跌，這天收盤雖有站上 5 日均線，但趨勢可視為進入盤整。一旦進入盤整，多單就不操作了，所以結束這檔股票的走圖演練。

📈 進場 5 次 總獲利逾 6 成

我們整理一下這次的操作紀錄，從位置①多頭確認多單進場，到位置⑰股價從趨勢高檔進入盤整，這之間總共進場操作了 5 次，報酬率依序是：① 53.7%、② 10.4%、③ 2.5%、④ 4.2%、⑤ –6.3%，操作期間自 2022 年 6 月 20 日到 2022 年 8 月 11 日共 1.5 個月，總報酬率為 64.5%。

檢討每一次的績效，除了第 5 次進場是虧損之外，其餘 4 次操作都是獲利出場，而第 5 次進場之所以會是負報酬，是因為股價已經到了趨勢高檔，高檔出現大量都代表主力出貨訊號，再漲的機會自然就相對少了很多。

這樣的走圖操作非常值得我們多加練習並運用在實際操作，最後附上一張完整的走圖位置，可以更清楚掌握一波多頭走勢的重要脈動。

圖 **4-2-18** 走圖演練 佰研（3205）：2022/6/20 ～ 2022/8/11

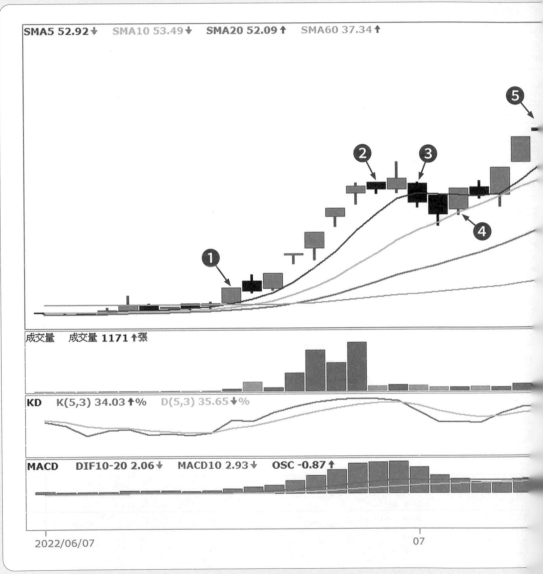

資料來源：XQ 全球贏家

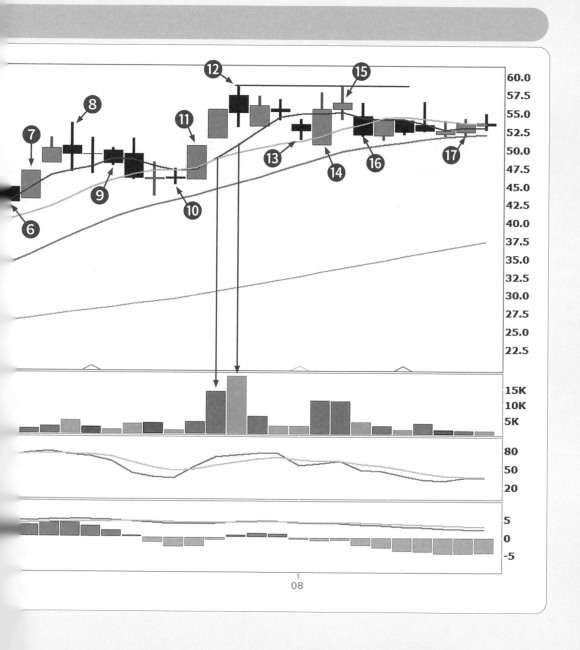

4-3

多單操作走圖演練②
找出飆股轉折關鍵

我們再來走另一張圖，多練習、多觀察每一根 K 棒、每一個趨勢轉折，透過這樣的訓練，對股票未來行情的研判會越來越上手。

⚡ 走圖實戰：以高端疫苗（6547）為例

第 2 張圖是一檔起漲就是飆股的股票，飆股人人都愛，但要怎麼找出飆股？如何駕馭飆股？何時該獲利了結？其實都可以利用走圖 SOP 來大量練習，當你熟悉這樣的飆股圖形，下次再遇到相同進場條件的股票時，很有可能就是一檔飆股囉！

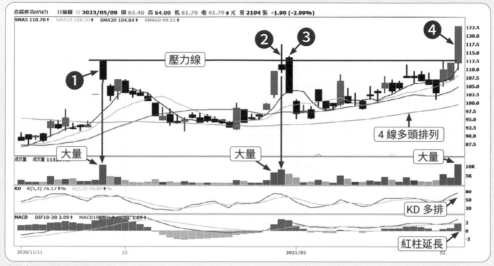

圖 4-3-1　走圖分析①～④

資料來源：XQ 全球贏家

2020 年 11 月 26 日

從位置①可看到，股價前日出現跳空漲停板後，收一根超大量開高走低的實體長黑 K 棒，明顯當天開高吸引很多人進場買進。從 K 棒狀況來看，開盤價就等於最高價，代表主力利用開盤時出貨賣股票了，所以這一根 K 棒在日後的走勢中，形成一個重要壓力。

2020 年 12 月 30 日

後續股價下跌遇到 60 日均線（季線）有支撐，整理過後再上漲，在位置②出現一根大量長上影線的變盤線，這是一根關鍵 K 棒，代表股價上漲遇壓力受阻。遇到這樣的狀況，次日收盤結果就非常關鍵，如果次日開高收紅 K 棒，把壓力突破且站上前面轉折高點，則壓力解除、多頭續漲；相反的，如果次日開低收黑 K 棒，明顯代表賣壓沉重，股價就會再往下修正。

▼接下頁

2020 年 12 月 31 日

　　位置③是一根大量的實體長黑 K 棒，表示遇到前高價有賣壓，接著股價沒漲再進入整理區間。但可以觀察到，雖然股價進入整理區間，但 4 條均線已經整理好了、呈現 4 線多頭排列，代表後續只要把壓力線突破，多頭確認後，股價上漲就沒有壓力了。

2021 年 2 月 3 日

　　位置④是一根大量實體長紅棒，收盤站上壓力線，是一個多頭確認的關鍵 K 棒，也是多單可進場的位置，接下來要確認幾個條件：

① 當日成交量 11,326 張，有大於前日的 3,918 張，約略有 1.8 倍的漲幅，屬於爆大量上漲。

② KD 指標則是 KD 多頭排列，MACD 紅柱延長。

　　以上都符合多單進場條件，可在快收盤時多單進場。

記錄進場操作

☆ 進場成本價：123 元（當日收盤價）　☆ 5% 停損價：116.9 元
☆ 10% 獲利目標價：135.3 元

圖 4-3-2　走圖分析⑤～⑥

資料來源：XQ全球贏家

2021年2月3日～2月5日

多頭確認股價上漲後，位置⑤出現一組非常重要的K棒組合訊號，就是「多頭起漲連3紅」，出現這樣的3根紅K棒，代表股價漲勢強勁，後續還有高點可期。

2021年2月17日

位置⑥收了一根有跳空缺口的T字變盤線，這是高檔變盤線訊號，但成交量縮到很小，要趕快計算一下當天的最高價有沒有超過獲利20%。當日最高價163元，而先前位置④的進場成本價是123元，算下來獲利已達32.5%，依照SOP紀律是要獲利了結出場，但這天成交量急速萎縮是惜售的訊號，所以暫且不出場，觀察次幾日的股價走勢再做決定。

圖 4-3-3

走圖分析⑦

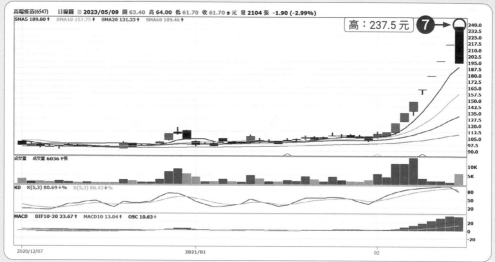

資料來源：XQ 全球贏家

2021 年 2 月 23 日

　　股價連續出現漲停板，多單一直續抱。直到位置⑦出現一根長黑吞噬黑 K 棒，很明顯已經有人在賣股票了，而急漲之後的大量長黑吞噬，最有可能是主力出貨的訊號，既然主力在賣股票，我們也要跟著多單出場，更何況這一次進場的獲利，若以當日轉折高點 237.5 元來計算，獲利高達 93%，已經是將近 1 倍的超高報酬率了。

記錄出場操作

☆ 停利價：194.5 元（當日收盤價）　　　　☆ 獲利：58.1%

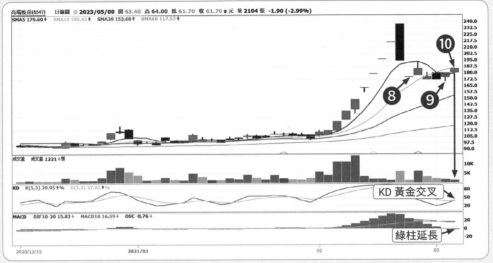

圖 **4-3-4** 走圖分析⑧～ ⑩

資料來源：XQ 全球贏家

2021 年 2 月 24 日

之前一波上漲力道強勁，表示多頭強勢上漲，但出現一根長黑吞噬黑Ｋ棒，讓我們不得不提高警覺，所以要特別留意後續股價走勢。次日位置⑧果然出現一個跳空向下的跌停板，這是多頭回檔，但多頭回檔後沒有再續跌，反而出現紅Ｋ紡錘線的止跌Ｋ棒，此時要注意是否有機會再上漲。

2021 年 3 月 3 日

位置⑨是一根紅Ｋ棒，收盤站上 5 日均線，是多頭回後上漲，但這個多頭回後上漲並不符合進場條件，因為當天收盤價沒有過前日（3 月 2 日）黑Ｋ高點，表示當日多方雖上漲，但力道不足，所以多單暫不進場，等次日再觀察。

▼接下頁

位置⑩股價上漲收了一根紅 K 棒，仔細觀察收盤價 185 元，不僅在 5 日均線之上，而且還把 3 月 2 日的黑 K 高點站上了，表示多方力道正式轉強，已符合多單進場。

這時一樣要確認幾個條件：

① 當日成交量縮小，明、後天要留意溫和放量，股價才容易再過轉折高，形成多頭續漲。

② KD 指標是黃金交叉，但 MACD 是綠柱延長，指標只要有 1 個有符合進場條件即可，因此我們在快收盤時多單進場。

記錄進場操作 ....

☆ 進場成本價：185 元（當日收盤價）　☆ 5% 停損價：175.8 元

☆ 10% 獲利目標價：203.5 元

....

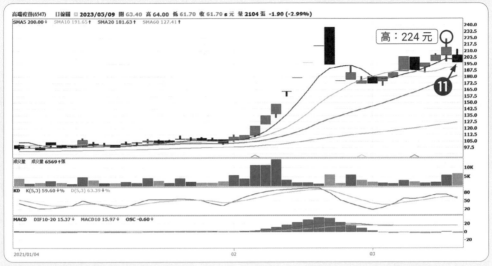

圖 **4-3-5** 走圖分析⑪

資料來源：XQ 全球贏家

2021 年 3 月 12 日

3 月 4 日的多單進場後，股價沿著 5 日均線往上漲，一直到位置⑪黑 K 棒收盤跌破 5 日均線，是多頭回檔，此時趕緊看一下前日（3 月 11 日）紅 K 棒的最高點 224 元，已經超過 10% 獲利目標價的 203.5 元，所以位置⑪的黑 K 棒要多單出場。

記錄出場操作 ....

☆ 停利價：197 元（當日收盤價）　　　☆ 獲利：6.5%

....

多單出場後我們要留意，位置⑪的黑 K 跌破 5 日均線，出現多頭回後再上漲，但前面高點（頭）沒有過，形成頭頭低，表示已經不符合多頭趨勢條件的頭頭高，所以當天已經不再是多頭趨勢，而是進入盤整盤了。

269

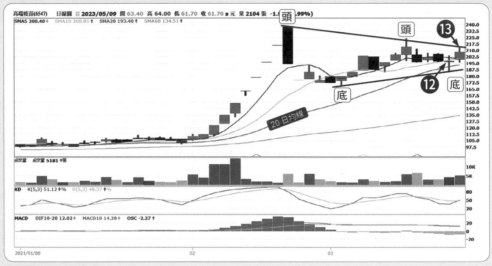

圖 **4-3-6**　　　　　　　　　　走圖分析⑫～⑬

資料來源：XQ 全球贏家

2021 年 3 月 17 日

　　趨勢頭頭低股價再下跌遇到 20 日均線（月線），這是一條重要支撐線，觀察到位置⑫，下跌遇到方向向上的 20 日均線（月線）後出現十字變盤線，表示這一個下跌波出現止跌力道了。

2021 年 3 月 18 日

　　次日位置⑬出現紅 K 棒收盤站上 5 日均線，代表止跌確認後的上漲，形成底底高，此時觀察趨勢為頭頭低、底底高，就是盤整確認。趨勢一旦進入盤整，多單就不操作了，可以畫出上頸線與下頸線，代表趨勢進入三角形盤整，這時候股價可能向上突破或向下跌破，我們靜待訊號。

270

圖 4-3-7 走圖分析⑭

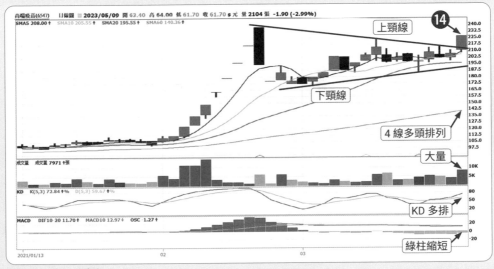

資料來源：XQ 全球贏家

2021 年 3 月 23 日

　　這天終於等到一根實體長紅棒，收盤價突破上頸線，形成一個盤整突破的進場位置，而且 4 條均線再度多頭排列，代表多方趨勢再往上。

　　這時一樣確認幾個條件：

① 當日成交量是 7,971 張，較前日 3,960 張多了 1 倍，屬於爆量上漲。
② KD 指標是多頭排列，MACD 則是綠柱縮短。

　　2 個指標都符合進場條件，於是我們在快收盤時多單進場。

記錄進場操作 ....

☆ 進場成本價：226.5 元（當日收盤價）　　　☆ 5% 停損價：215.2 元
☆ 10% 獲利目標價：249.2 元

圖 **4-3-8**

走圖分析⑮

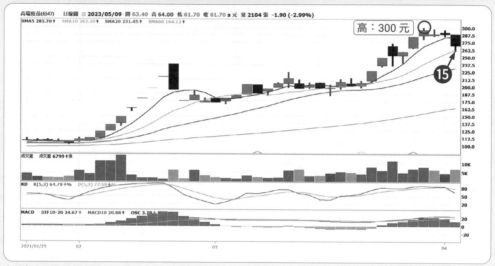

資料來源：XQ 全球贏家

2021 年 4 月 6 日

　　盤整突破後股價一直沿著 5 日均線上漲，手上持有的多單都續抱，一直到位置⑮出現一根黑 K 棒收盤跌破 5 日均線，一跌破就代表多頭要回檔了。趕緊檢查一下當天是否符合停利條件，由於前面轉折高點 300 元，已經超過 10%獲利目標價 249.2 元，已符合停利條件，所以多單出場。

記錄出場操作

☆ 停利價：270 元（當日收盤價）　　　　☆獲利：19.2%

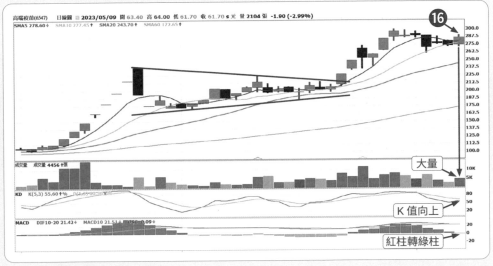

圖 **4-3-9** 走圖分析⑯

資料來源：XQ 全球贏家

2021 年 4 月 9 日

多頭回檔後持續觀察均線，依然呈現 4 條多頭排列，多頭趨勢沒有改變，所以持續鎖股，等待下一次進場的機會。終於在位置⑯又收一根紅 K 棒，且收盤價站上 5 日均線，同時也有過前一日黑 K 棒的高點，表示多方力道強。

我們一樣要確認進場條件：

① 當日成交量是 4,456 張，較前日的 2,476 張多了近 1 倍的大量。
② KD 指標是 K 值向上。

這裡要稍微留意 MACD 的柱狀體表現，紅柱轉綠柱表示多方動能減弱，即使如此，因為 KD 指標有符合進場條件，指標這項因素就算是確認了，於是在快收盤時多單進場。

▼接下頁

記錄進場操作..

☆ 進場成本價：285.5 元（當日收盤價） ☆ 5% 停損價：271.2 元
☆ 10% 獲利目標價：314.1 元

....

　　這裡要特別提醒，股價從位置④（2021 年 2 月 3 日）多頭確認的第一筆進場價 123 元，持續上漲到位置⑯進場價 285.5 元，漲幅已經超過 1 倍以上，屬於多頭趨勢的高檔了，主力很容易在高檔獲利了結賣股票。

　　所以即使在這裡仍有多頭回檔後可進場的位置，也要留意未來走勢有沒有出現長黑 K 棒、變盤線等等，尤其是爆大量的情況，一旦有大量，代表主力真的在賣股票了，所以在這個高檔位置的進場操作，更要嚴守停利及停損的條件。

圖 4-3-10 走圖分析⑰～⑱

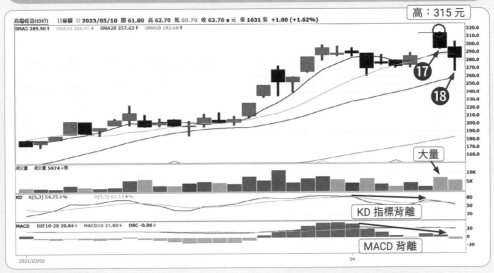

資料來源：XQ全球贏家

【 2021 年 4 月 13 日 】

多單進場後次日出現漲停板，隨即在位置⑰又出現長黑K的高檔大量賣壓，當天最高價 315 元，也已經超過 10% 獲利目標價 314.1 元，多單要準備停利。

【 2021 年 4 月 14 日 】

位置⑱這天出現黑 K 收盤跌破 5 日均線，同步出現 KD、MACD 柱狀體高檔背離的現象，所以在收盤時多單立刻出場。

【 記錄出場操作 】

☆ 停利價：282.5 元（當日收盤價）　　☆ 獲利：–1.1%

這一次是小賠收場，檢討後發現，這個位置已是多頭趨勢高檔，再加上位置⑱出現高檔訊號——大量黑 K 棒、高檔指標背離，未來操作要小心謹慎了。

圖 4-3-11　走圖分析⑲～⑳

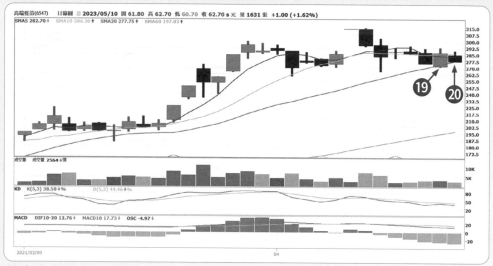

資料來源：XQ 全球贏家

2021 年 4 月 20 日

這次多頭回檔之後，遇到月線仍然有支撐，在位置⑲收了一根紅 K 棒且站上 5 日均線，確認是多頭回後再上漲，但前一日的黑 K 高點在收盤時並未站上，代表當日多方力道不強，所以多單不進場，等待次日觀察。

2021 年 4 月 21 日

次日是位置⑳，明顯看到股價非但沒有再上漲，反而出現一根黑 K 棒，收盤再度跌破 5 日均線，形成了頭頭低趨勢，如此一來就已經不是多頭趨勢了，再加上多頭走到這個位置已是趨勢高檔，更要留意股價不能再出現往下跌的黑 K 棒，一旦再出現黑 K 棒往下跌，很容易把前面低點跌破，讓趨勢轉為空頭。

圖 4-3-12　　走圖分析㉑

資料來源：XQ 全球贏家

2021 年 4 月 22 日

　　次日的位置㉑，真的出現一根開低走低的實體黑 K 棒，收盤時跌破前面紅 K 棒的低點，這是頭頭低破前低、空頭確認的黑 K 棒。趨勢一旦轉成空頭趨勢，多單就停止操作了。

✖ 進場 4 次 總獲利逾 8 成

走了 2 張圖後有沒有發現，只要把操作 SOP 確立好，就可以「按表操課」，無論進場、停損、停利都依照紀律，就能減少盤面波動造成的心理壓力，也不會因為盤中股價上下震盪過大而緊張兮兮。

我們整理一下這一次的操作紀錄，從位置④多單進場，一直到位置⑱趨勢高檔的最後一筆多單出場，這之間總共進場操作 4 次，報酬率依序是：① 58.1%、② 6.5%、③ 19.2%、④ −1.1%，操作期間從 2021 年 2 月 3 日進場，到 2021 年 4 月 14 日共 2.5 個月，總報酬率為 82.7%。

檢討每一次的績效，除了第 4 次進場是虧損之外，其餘 3 次操作都是獲利出場，而第 4 次進場之所以會是負報酬，是因為股價已經到了趨勢高檔，如同前一張走圖案例，股價到了趨勢高檔出現大量，都代表主力出貨訊號，再漲的機會自然相對減少，加上我們又觀察到雙指標在高檔出現背離訊號，所以多單就要趕快出場了。

在這 4 次的進場位置中，其中位置⑭是三角形盤整突破的多單進場，這次進場的報酬率高達 19.2%，原因是這個盤整區間一直都在月線（20 日均線）之上，而且月線方向持續向上，

一旦盤整結束、股價再上漲，月線就變成助力了。

　　最後也附上一張完整的走圖位置（圖 4-3-13），如此更能清楚掌握一波多頭走勢的重要脈動。

　　另外也提供 2 個範例供讀者練習，可以試著遮住答案先不看，看看自己能不能夠判斷關鍵位置的訊號（圖 4-3-14、圖 4-3-15）。

　　基本練習做完後，還可以挑戰更進階的訓練，先找出一檔股票在某段區間的多頭趨勢圖，並在沒有關鍵位置的提示下，自行標記出轉折點並記錄下來，接著模擬後續走勢。

　　透過反覆且大量的練習，就能逐漸熟悉一檔股票在多頭趨勢中的行進路線。

圖 **4-3-13** 走圖演練 高端疫苗（6547）：2021/2/3 ～ 2021/4/22

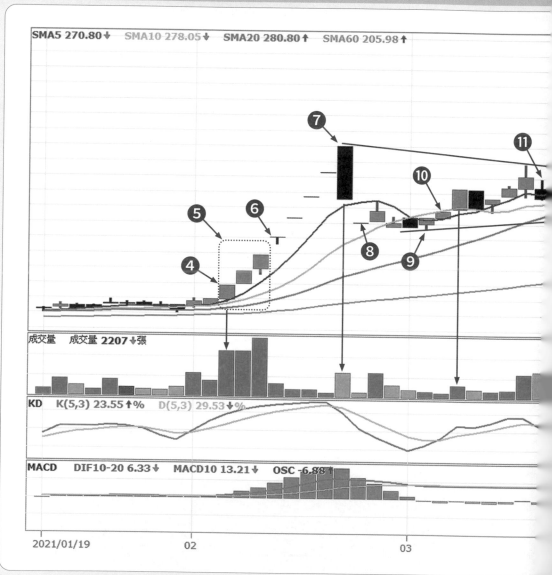

資料來源：XQ 全球贏家

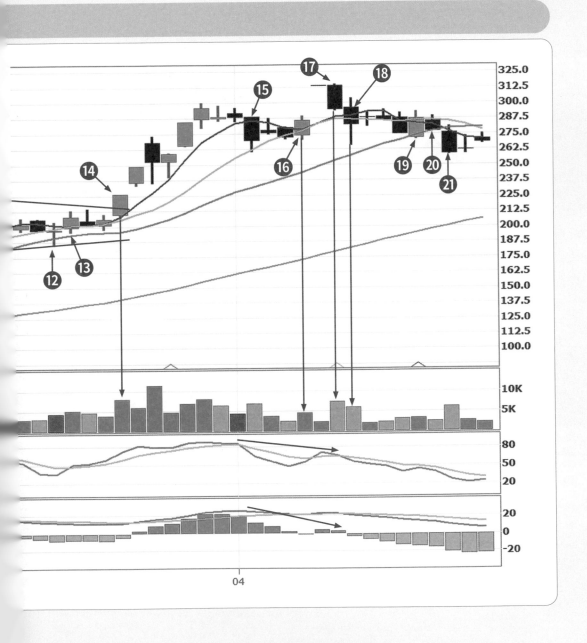

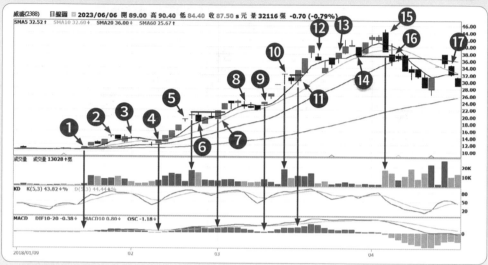

圖 4-3-15　多頭走圖練習題①威盛（2388）

資料來源：XQ全球贏家

威盛（2388）走圖記錄表	
①多頭確認進場	⑩多單出場
②準備停利	⑪強勢多頭進場
③多單出場	⑫多單出場
④回後買上漲	⑬回後買上漲
⑤準備停利	⑭守停損
⑥多單出場	⑮多單出場
⑦強勢多頭進場	⑯趨勢改變
⑧多單出場	⑰空頭確認
⑨回後買上漲	
鎖股期間：2018/1/24 ～ 2018/4/23	
交易次數：6 次	

圖 4-3-16　多頭走圖練習題②嘉聯益（6153）

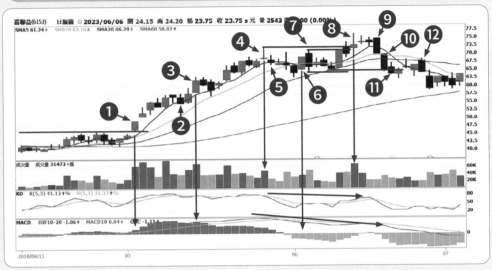

資料來源：XQ 全球贏家

嘉聯益（6153）走圖記錄表	
①多頭確認進場	⑦守停損
②多單出場	⑧準備停利
③回後買上漲	⑨多單出場
④準備停利	⑩多頭趨勢轉弱
⑤多單出場	⑪趨勢改變
⑥回後買上漲	⑫空頭確認
鎖股期間：2018/5/3 ～ 2018/6/27	
交易次數：3 次	

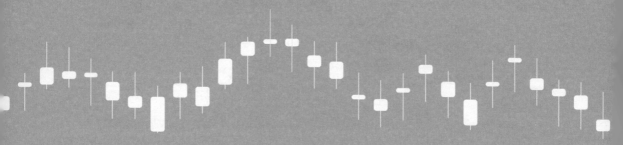

第 **5** 章

實戰演練

預判空頭
賣在起跌點

5-1
找出頭部
鎖股等進場

○ .... ○

　　一檔股票要由多頭趨勢轉成空頭趨勢,絕對不是一夕之間扭轉成形的,而是經過來回測試、不斷出現轉折,透過這些轉折高點及低點的研判,可以在技術分析圖上清楚看到一個「頭部」的成形,這個「頭部」實際上就是盤整趨勢,也可以稱為「高檔盤整」。

　　辨識出高檔盤整是非常重要的功課,一旦股票趨勢進入了高檔盤整,就意味該檔股票在做頭了,這時候就要鎖股等空單進場了,同時手上已經不能握有多單。透過這樣的研判,才不會買在高檔、套在高檔。

　　高檔做頭最常出現且最重要的研判,就是多頭高檔爆大量

286

的頭頭低。誠如在前面章節提到的，當一檔股票漲到多頭趨勢的相對高檔位置，開始陸續出現實體長黑Ｋ棒、變盤線Ｋ棒，同時伴隨大量或超大量，就表示股價漲到這個位置，明顯開始有人在賣股票了，除非後續股價有大量再突破這些Ｋ棒的高點，且趨勢持續往上漲，否則遇到這些大量或超大量的長黑Ｋ棒、變盤線Ｋ棒等訊號，都要提高警覺。

🔍 高檔爆量頭頭低 準備做頭

舉個例子帶大家仔細觀察，圖 5-1-1 這檔股票從位置①的最高點 216.5 元，一路下跌到位置⑤的最低點 95.8 元，當天出現低檔止跌錘子變盤線後才止跌，隔日股價站上 5 日均線後開始強力反彈，這時空方力道才開始轉弱。

回頭看位置①到位置⑤，從 216.5 元到 95.8 元的跌幅高達 56%，如果有人買在高檔或持有的多單沒有出場，那真是損失慘重。那麼在高檔位置要如何發現趨勢改變或找到做頭時機呢？

如圖 5-1-1 所示，位置①跟位置②這兩根實體Ｋ棒都是高檔Ｋ棒訊號，先出現的長紅Ｋ棒代表當天多方力道最強，但次日卻出現一根空方力道最強的長黑Ｋ棒，同時觀察下方成交

量，可以看到都明顯出現大量，極有可能是主力為了要出貨而拉高股價，當然，是不是主力在出貨，我們沒有正確答案，基本上也很難知道。

但後續走勢可以證實，股價回檔再上漲後，在位置③出現黑K收盤跌破5日均線，趨勢就變成頭頭低的盤整，一旦進入盤整，手上就不能握有多單了。後續股價連跌5根黑K棒，這一跌，前面幾天長紅棒進場的多單全都賠錢了，如此一來，我們更加確認高檔這幾天出現的紅K棒，是主力為了出貨而拉高股價。後續位置④的黑K棒收盤跌破前面轉折低

圖 5-1-1　　高檔爆量 股價趨勢轉空

資料來源：XQ 全球贏家

點，空頭確認。

由此可知，高檔如果出現大量，無論是長紅 K 棒或是長黑 K 棒都要特別留意，一旦股價沒有再過前面高點（頭）就是趨勢改變，這時手上若還握有多單，無論是賺錢還是已經賠錢，都要在第一時間出場，才能避開後面的大跌。

不僅如此，辨識出股票漲到多頭高檔之後，不但要留意手上多單是否要準備出場，若後續股票轉成空頭趨勢，還可以換成空單進場操作。

謹記 SOP 複習空單進場步驟

在我的教學經驗中，有相當多投資人對做空操作較不熟悉，所以建議讀者可以多加複習空頭操作的 SOP，我們再把操作邏輯及進出場條件整理一次。

步驟①選股：選到一檔符合空頭趨勢的股票，也就是符合頭頭低、底底低型態，就可以開始鎖股，存入自選股每天追蹤。

步驟②進場：即將收盤前，在日線圖上檢視鎖股資料夾中的股票，是否符合下列空單進場條件，如果都符合就於當日空單進場。

🎯 空頭確認的進場條件：

☑頭頭低，黑 K 棒收盤跌破前面轉折低點。

☑收盤價在月線（20 日均線）之下。

☑3 條均線方向向下（5 日均線、10 日均線、20 日均線）。

☑不需要特別觀察成交量的大小，這一點是跟多單進場操作最大的不同，因為空頭趨勢下跌並不需要大量，做空主要是觀察頭部做頭時是否有大量，頭部的量越大，後續股價越容易下跌。

☑KD 指標是否符合：K 值向下、KD 空頭排列、KD 死亡交叉，符合其一即可。

☑MACD 指標是否符合：綠柱延長、紅柱縮短、紅柱轉綠柱，符合其一即可。

KD、MACD 雙指標只要有其中 1 個條件符合即可，如果雙指標都符合，進場條件更加穩固。

🎯 空頭彈後空下跌的進場條件：

☑空頭趨勢股價反彈回升。

☑黑 K 棒收盤跌破 5 日均線，同時跌破前日 K 棒的最低價。

☑月線方向持續向下。

☑成交量：無論大量或小量皆可。

☑KD 指標是否符合：K 值向下、KD 空頭排列、
KD 死亡交叉，符合其一即可。

☑MACD 指標是否符合：綠柱延長、紅柱縮短、
紅柱轉綠柱，符合其一即可。

KD、MACD 雙指標只要有其中 1 個條件符合即可，
如果雙指標都符合，進場條件更加穩固。

🎯 盤整跌破的進場條件：

☑趨勢盤整末端，出現實體黑 K 棒，收盤跌破盤
整區下頸線。

☑收盤價在月線（20 日均線）之下。

☑成交量：無論大量或小量皆可。

☑KD 指標是否符合：K 值向下、KD 空頭排列、
KD 死亡交叉，符合其一即可。

☑MACD 指標是否有符合：綠柱延長、紅柱縮短、
紅柱轉綠柱，符合其一即可。

KD、MACD 雙指標只要有其中 1 個條件符合即可，
如果雙指標都符合，進場條件更加穩固。

步驟③、④停利或停損：進場當日立刻記錄該檔股票的操作策略，包含：①進場成本價、② 5% 停損價、③ 10% 獲利目標價。

再次強調，我們在第 3 章列出多種停損及停利方式，實際上在操作的過程中，還是盡量以簡易執行的方式操作。讀者同樣可以自行調整停損設定條件，但無論執行哪一個條件，一旦做空進場後續走勢不如預期，該停損的時候就要停損。

另外，做空的進場成本價在走圖操作紀錄中，一樣是以當天收盤價格為主。

走圖筆記：

5-2

空單操作走圖演練①
空頭型態基礎線形

大多數投資人操作股票都習慣做多，也就是習慣「買」股票，一旦趨勢反轉成空頭趨勢就束手無策，原因是看不懂空頭趨勢，也不習慣做空。會有這樣的狀況，是因為沒有一套穩定、可執行的交易紀律，透過走圖 SOP 的練習，你就能明白一檔空頭股票的下跌路徑。

⚒ 走圖實戰：以精材（3374）為例

空單的步驟與條件確認清楚後，接著就以精材（3374）為例，觀察其在 3 個月內的空頭行進路線，實際進行走圖演練。

圖 5-2-1　　　　　　走圖分析①

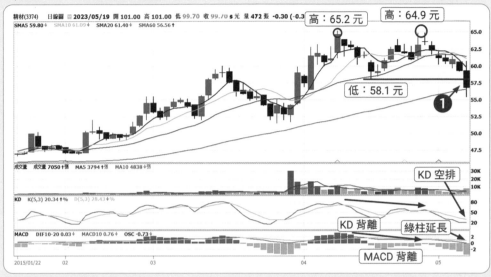

資料來源：XQ 全球贏家

2015 年 5 月 8 日

　　我們觀察這檔股票在位置①之前，出現了 2 個價格相當的高點，但第 2 個高點收盤沒有過前高。雖然高檔未爆大量，但出現量價背離，下方的 KD、MACD 雙指標也呈現背離情況，表示此檔股票的高檔多方動能已大大減弱。

　　位置①出現的黑 K 棒，收盤跌破前面低點 58.1 元，趨勢已是空頭確認。

　　接著陸續確認：

① 黑 K 棒收盤在月線（20 日均線）之下，3 條均線呈現空頭排列（5 日均線＜ 10 日均線＜ 20 日均線）。

② 雖然當天成交量小幅放大，但做空不用特別考慮成交量，也就是說無論有沒有量，只要趨勢反轉成空頭，股價就會下跌。

③ 最後檢查雙指標：KD 指標中 K 值（20.34）＜ D 值（28.43），呈現 KD 空頭排列；MACD 則是綠柱延長，2 個指標皆符合做空條件。

▼接下頁

確認以上條件皆符合空單進場條件後，可以在即將收盤時空單進場。

☆ 進場成本價：56.8 元（當日收盤價）　　☆ 5% 停損價：59.6 元
☆ 10% 獲利目標價：51.1 元
....

　　空單進場後，每一天快收盤前觀察股價是否接近停損價，如果到了停損價，就要果斷出場不可戀棧。

　　如果讀者有仔細觀察，應該已經發現我們的進場條件非常嚴謹，不但要符合趨勢條件，還要滿足均線、成交量、雙指標等條件才能進場，若在如此嚴謹的進場條件下，股價還是觸及停損價，代表該檔股票當下還沒準備好要發動，就得先停損出場。

圖 **5-2-2** 走圖分析②

資料來源：XQ 全球贏家

2015 年 5 月 13 日

　　位置①的空單進場時，仔細觀察股價下方有一條季線（60 日均線）方向向上，要特別留意是否有支撐。位置①進場後股價沒有立即下跌，反而出現 3 天的十字變盤線，代表季線的確有支撐，不過也不必太緊張，只要守好停損價即可。

　　位置②可看到 5 日均線、10 日均線、20 日均線仍呈現 3 線空頭排列，因此靜待次日股價走勢。

圖 5-2-3　　　　　　　　　走圖分析③

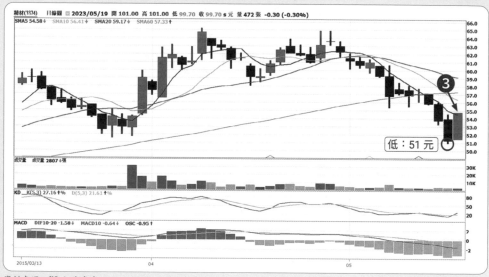

資料來源：XQ 全球贏家

2015 年 5 月 19 日

14 日出現一根開平走低的黑 K 棒，收盤跌破了季線（60 日均線）後，連續 3 天下跌，直到位置③出現一根漲幅高達 6.82% 的實體長紅棒，代表空頭趨勢出現重要轉折。

幾個轉折重點如下：

① 轉折確認：紅 K 棒收盤站上 5 日均線，位置③左邊是一根幅度相當的長黑 K 棒，成為一組長黑配長紅、轉折確認的雙 K 棒組合，後續股價開高就很容易反彈。

② 轉折低點 51 元，已達位置①空單進場（5 月 8 日）的 10% 獲利目標價 51.1 元，所以在 19 日當天收盤時獲利了結。

記錄出場操作
....

☆ 停利價：54.8 元（當天收盤價）　　　　　☆ 獲利：3.5%

....

圖 **5-2-4**　　　　　　　**走圖分析④**

資料來源：XQ 全球贏家

2015 年 5 月 27 日

　　股價反彈之後橫盤整理了 5 天，此時同步觀察到上方均線，已經出現了 2 條長期均線的死亡交叉，也就是月線（20 日均線）與季線（60 日均線）死亡交叉，這樣的訊號表示如果股價接下來再跌，4 條均線就會形成空頭排列的中期空頭趨勢格局。

　　接著觀察到位置④出現一根黑 K 棒，收盤跌破 5 日均線，是一個彈後下跌的位置，但是收盤沒有跌破這 5 天盤整區間的低點，代表下方還有支撐，所以暫不進場。

圖 **5-2-5**   走圖分析⑤

資料來源：XQ 全球贏家

2015 年 6 月 1 日

　　位置⑤股價出現變化了，一開盤就跳空下跌，收盤出現一根黑 K 棒，同時把盤整區間的支撐線跌破了。圖上可以清楚看到，在 K 線盤整區間的左右兩側各自出現跳空缺口，左邊的缺口稱為「向上跳空缺口」，右邊則稱為「向下跳空缺口」，這 2 個缺口的組合稱為「島狀反轉」。

　　「島狀反轉」是強烈的反轉訊號，代表後續股價下跌的機率非常高，看到這樣的訊號出現，就要趕快把握機會空單進場。

　　但還是要檢查其他空單進場的條件是否符合：

① 均線已呈現 4 線空頭排列（5 日均線＜ 10 日均線＜ 20 日均線＜ 60 日均線）。

② 依然是很小的成交量，但是做空不考慮成交量。

③ 最後再檢查雙指標：KD 指標中 K 值（27.87）＜ D 值
（39.91），呈現 KD 空頭排列；MACD 則是紅柱轉成綠柱，
呈現死亡交叉，2 個指標皆符合空單進場條件。

以上條件皆符合，所以在快收盤時空單進場。

記錄進場操作 ....

☆ 進場成本價：53.4 元（當日收盤價）　☆ 5% 停損價：56.1 元
☆ 10% 獲利目標價：48.1 元

....

圖 **5-2-6**　走圖分析⑥

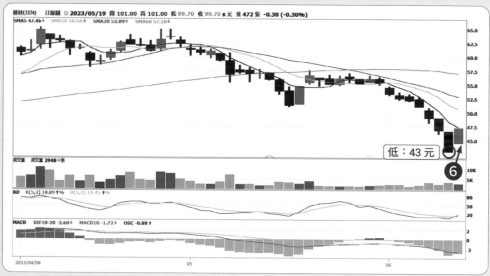

資料來源：XQ 全球贏家

2015 年 6 月 10 日

　　上次進場後股價沿著 5 日均線下跌，到了位置⑥出現長紅 K 棒，這根長紅
K 棒跟左邊（前一日）的長黑 K 棒同樣是明顯大量。空頭趨勢急跌後出現紅 K
棒又有大量，就是一個止跌訊號。

　　我們計算一下，前日黑 K 棒的轉折低點 43 元，空單獲利已達 22%，獲利
超過 20% 又出現止跌大量的紅 K 棒，因此在快收盤時獲利出場。

記錄出場操作 ....

☆ 停利價：47.3 元（當天收盤價）　　　　　　☆ 獲利：11.4%

....

圖 **5-2-7**　　　　　　　走圖分析⑦

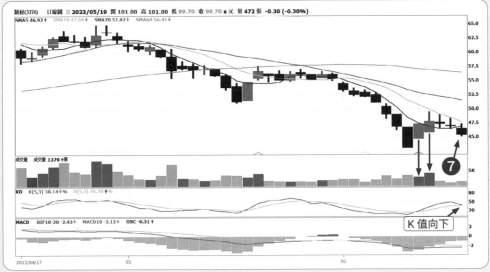

資料來源：XQ 全球贏家

2015 年 6 月 16 日

　　空單出場後，由於趨勢依然維持空頭，均線持續 4 線空頭排列，所以繼續鎖股等待下個空單進場位置出現。

　　位置⑦出現一根黑 K 棒收盤跌破 5 日均線，同時也跌破前日 K 棒的低點，這是一個空頭彈後空下跌的進場位置，而成交量無論是小量或是大量皆可。

　　最後再檢查雙指標：發現 KD 指標是多頭排列，但是 K 值方向向下，MACD 則是綠柱持續縮短，2 個指標中的 KD 有符合空單進場條件即可，所以可以在快收盤時空單進場。

▼接下頁

記錄進場操作 ....

☆ 進場成本價：45.35 元（當日收盤價）　☆ 5% 停損價：47.6 元
☆ 10% 獲利目標價：40.8 元

....

　　這天雖然有符合進場條件，但若仔細觀察可發現，前面轉折低點形成的空頭反彈，是一個有量的反彈，代表可能有短空單獲利回補。

　　所以這一次空單進場後，股價是否續跌要列入重要觀察，但也不用過度擔心，因為即使股價不跌，我們也會嚴守停損，不會有大賠的狀況出現。

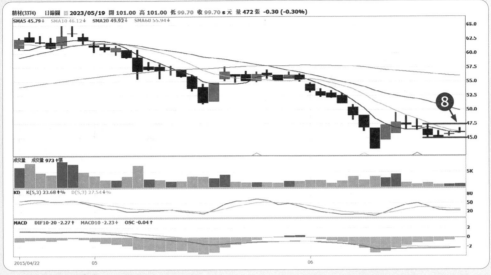

圖 **5-2-8**　　　　　　　　走圖分析⑧

資料來源：XQ 全球贏家

2015 年 6 月 22 日

空單進場後，依照操作紀律要先守停損價，我們發現位置⑦（6 月 16 日）進場後股價沒什麼漲跌，連續 2 天都是非常小的變盤線。到了位置⑧當天收一根很小的變盤線，但是收盤價（45.9 元）卻站上 5 日均線（45.79 元），形成底底高。

空頭趨勢出現底底高就不是空頭了，而是進入盤整。進入盤整的股票，依照我們的操作 SOP 空單要出場。但是從圖上可以明顯看到，K 棒已經連續 4 天不漲也不跌，所以這天的底底高先暫不出場，畢竟我們還有一個停損價（47.6元），可以保護手上的空單部位。

圖 5-2-9　　　　　　　　走圖分析⑨

資料來源：XQ 全球贏家

(2015 年 6 月 25 日)

　　後續幾天股價接連出現小黑 K 棒，一直到位置⑨當天多方氣勢突然轉強，收盤出現一根實體長紅 K 棒，此時空單已經不能再等了，因為收盤價 47.9 元已經站上停損價 47.6 元，於是在收盤時空單停損出場。

記錄出場操作

☆ 停利價：47.9 元　　　　　　　　　　☆ 獲利：-5.6%

　　從圖上可看見，這天紅 K 棒的最高點碰到了月線，而月線方向向下，代表月線有壓力，加上季線方向依然向下，所以持續鎖股，觀察後續是否還有空單進場的機會。

圖 **5-2-10**　　　　　　　　　走圖分析⑩

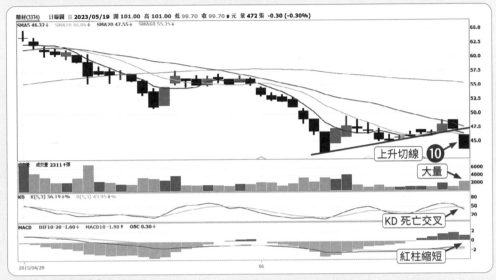

資料來源：XQ 全球贏家

2015 年 6 月 29 日

　　由圖可知，果然向下的月線還是重要壓力，位置⑨的紅 K 棒出現後，次日又是一根差不多大小的黑 K 棒，代表遇到月線有壓力了。

　　於是位置⑩再出現下跌的關鍵黑 K 棒，我們可以這樣觀察：

①這根黑 K 開盤就出現向下跳空缺口，收盤時確認跌破 5 日均線和 10 日均線，不僅如此，還把上升切線跌破，符合盤整跌破的空單進場條件。

②這天同時還出現大量，代表空方力道強勁。

③最後檢查雙指標：KD 是死亡交叉，MACD 則是紅柱持續縮短，雙指標皆符合空單進場條件。

　　以上條件確認後，可以在快收盤時空單進場。

記錄進場操作

☆ 進場成本價：43.55 元（當日收盤價）　　☆ 5% 停損價：45.7 元

☆ 10% 獲利目標價：39.2 元

圖 **5-2-11**　　　　　　　　　　走圖分析⑪

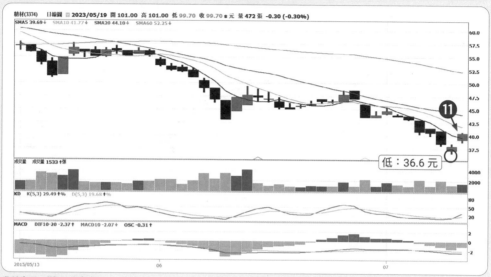

資料來源：XQ 全球贏家

2015 年 7 月 13 日

　　可以看到這波下跌的空方力道很強，位置⑩空單進場時均線尚未呈現 4 線空頭排列，但隔了 2 天之後，就出現 4 線空排的中期空頭格局了。一直到位置⑪，出現連續 2 天的紅 K 紡錘線，止跌反彈站上 5 日均線，這一波下跌走勢才算休息。

　　觀察位置⑪前一天的紅 K 棒，最低價為 36.6 元，算下來離空單進場價的獲利已達 16%，已經超過 10%，且位置⑪也站上 5 日均線，符合空單停利條件，因此在 13 日當天空單出場。

記錄出場操作

☆ 停利價：40.55 元（當天收盤價）　　　　☆ 獲利：6.9%

圖 **5-2-12**　　　走圖分析⑫

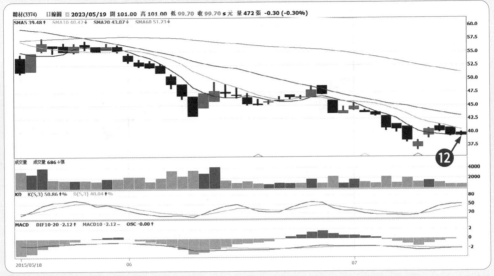

資料來源：XQ全球贏家

2015 年 7 月 16 日

　　空頭反彈後，在位置⑫收了一根黑 K 棒且跌破 5 日均線，但是空單不能進場，因為收盤沒有跌破前日黑 K 棒的最低點，表示空方力道不足，可以等次日再觀察。

圖 **5-2-13**　　　　　走圖分析⑬

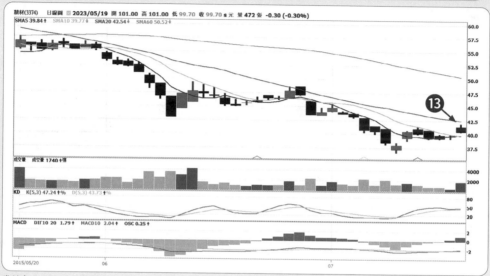

資料來源：XQ 全球贏家

2015 年 7 月 20 日

　　位置⑬開盤跳空向上收了一根黑 K 棒，可以看到雖然是一根黑 K 棒，但趨勢卻改變了，出現底底高進入盤整。由於盤整不操作，所以要留意後續股價走勢，如果往上漲站上前面轉折高點，就變成多頭趨勢；反之，若再下跌把前面轉折低點跌破，那麼空頭再續勢。

圖 **5-2-14** 走圖分析⑭

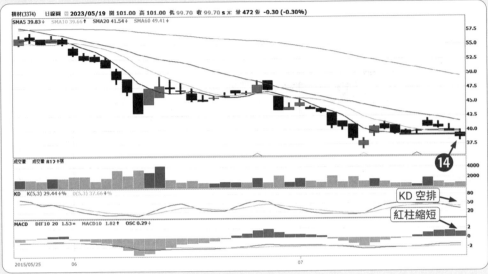

資料來源：XQ 全球贏家

2015 年 7 月 23 日

位置⑭連續 4 根黑 K 棒下跌，再把 5 日均線跌破，同時也把前面轉折低點跌破，如此一來就形成盤整跌破，空單可以再進場。最後再檢查雙指標：KD 是空頭排列，MACD 則是紅柱持續縮短，雙指標皆符合空單進場條件，所以在快收盤時空單進場。

記錄進場操作 ....

☆ 進場成本價：38.7 元（當日收盤價）　　☆ 5% 停損價：40.6 元
☆ 10% 獲利目標價：34.8 元

....

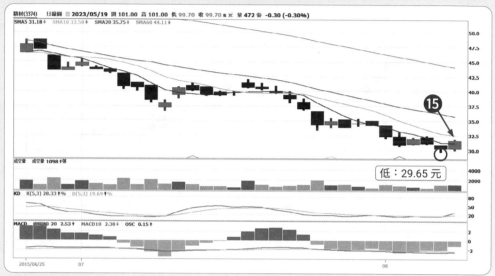

圖 5-2-15　走圖分析⑮

資料來源：XQ 全球贏家

2015 年 8 月 10 日

　　空單進場後股價一直沿著 5 日均線下跌，同樣的，每天快收盤前檢查一下股價，都沒有站上 5 日均線，所以空單續抱。直到位置⑮當天收一根紅 K 棒，且收盤站上了 5 日均線，同時還出現大量，代表空單有陸續回補的現象，這時最重要的是，檢查轉折低是否獲利有超過 10%，由於前日低點 29.65 元有達到獲利目標價 34.8 元，可以空單出場。

記錄出場操作

☆ 停利價：31.65 元（當日收盤價）　　　　☆ 獲利：18.2%

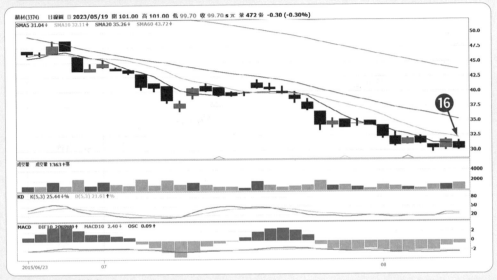

> 圖 5-2-16　　走圖分析⑯

資料來源：XQ 全球贏家

2015 年 8 月 11 日

　　前日空單才出場，位置⑯再出現黑 K 棒收盤跌破 5 日均線，又是一個彈後再下跌的黑 K 棒，但是空單不能進場，因為這根黑 K 棒收盤沒有跌破前日紅 K 棒的低點，不符合空單進場條件，所以一樣等次日觀察。

圖 **5-2-17**　　　　　　　　走圖分析⑰

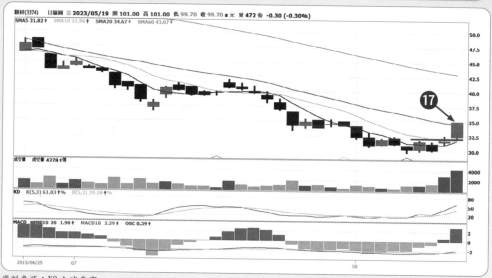

資料來源：XQ 全球贏家

2015 年 8 月 13 日

　　等了 1 天，到了第 2 天的位置⑰，出現一根實體長紅棒，而且還連續 2 天出現大量，這根大量實體長紅 K 棒，收盤還站上前面轉折高點，底底高過前高是多頭確認，而且站上月線。因此，這檔股票就可以停止空單操作了。

⚠ 進場 5 次 總獲利逾 3 成

我們整理一下這次的操作紀錄，從位置①空頭確認空單進場，到位置⑰股價從趨勢低檔變成多頭確認，這之間總共進場操作了 5 次，報酬率依序是：① 3.5%、② 11.4%、③ –5.6%、④ 6.9%、⑤ 18.2%，操作期間自 2015 年 5 月 8 日到 2015 年 8 月 13 日共 3 個月，總報酬率為 34.4%。

檢討每一次的績效，除了第 3 次進場是虧損之外，其餘 4 次操作都是獲利出場，而第 3 次進場之所以會是負報酬，是因為趨勢改變出現底底高，而且很明顯是在測試月線，但月線方向向下仍具有壓力，所以測完月線後股價再破前低續跌，接著又大跌一波，把停損的金額都賺回來了。

最後附上一張完整的走圖位置，從圖 5-2-18 可以看到，趨勢跌到低檔已經出現 MACD 柱狀體 2 次背離的狀況，接著 KD 也出現背離現象，這些都代表後續股價容易打底。

透過這樣的走圖操作，我們再次印證，只要多加練習並運用在實際操作上，下次遇到空頭趨勢就能迅速辨識，清楚掌握一波空頭走勢的重要脈動。

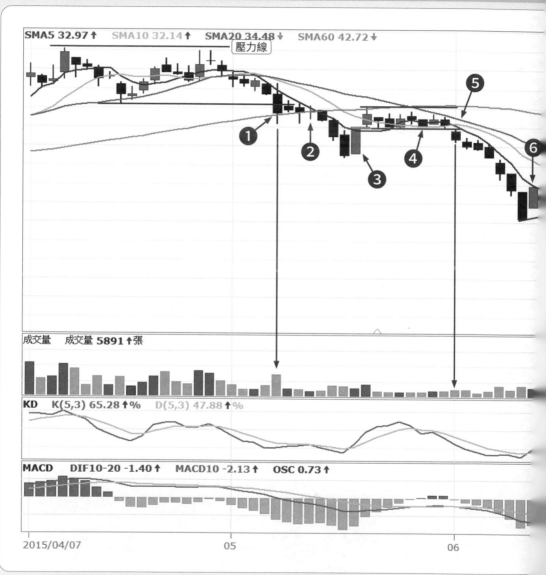

圖 5-2-18 **走圖演練** 精材（3374）：2015/5/8 ～ 2015/8/13

SMA5 32.97↑   SMA10 32.14↑   SMA20 34.48↓   SMA60 42.72↓

壓力線

成交量   成交量 5891↑張

KD   K(5,3) 65.28↑%   D(5,3) 47.88↑%

MACD   DIF10-20 -1.40↑   MACD10 -2.13↑   OSC 0.73↑

2015/04/07   05   06

資料來源：XQ 全球贏家

316

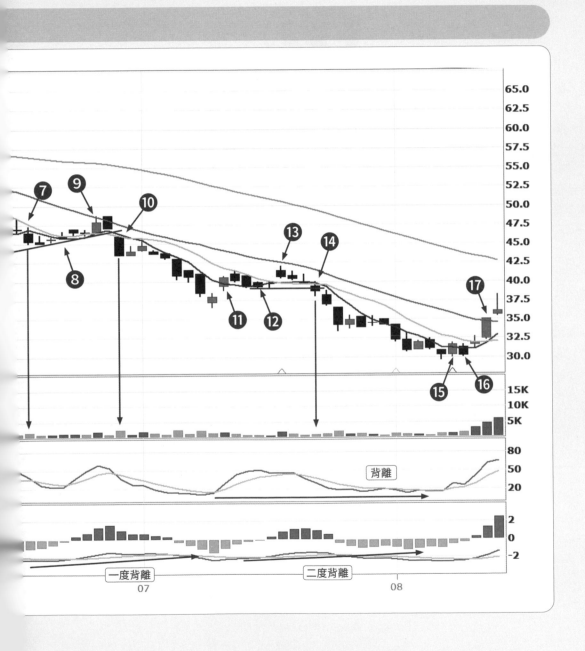

5-3

空單操作走圖演練②
找出最佳出場時機

透過空單操作走圖演練①的說明，可以清楚知道做空操作其實跟做多是一樣的。我們再來走一張空頭趨勢的股票，只有不斷練習，把趨勢、K棒條件、均線、指標的搭配熟練，實際進場交易時才能夠不慌不亂。

📈 走圖實戰：以中電（1611）為例

以中電（1611）這檔股票為例，觀察其在 2022 年 7 月 4 日到 2022 年 11 月 2 日的空頭行進路線，實際進行走圖演練。

圖 5-3-1 **走圖分析①**

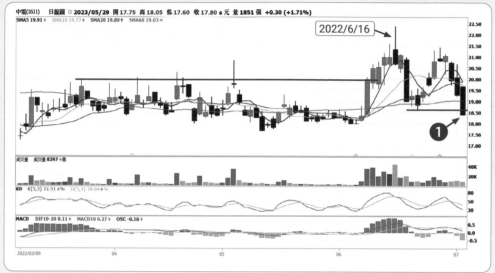

資料來源：XQ 全球贏家

2022 年 6 月 16 日

　　從技術分析圖上可以明顯看到這檔股票已經盤整多時，好不容易出現連續上漲的紅 K 棒，照理來說，這是盤整突破的多頭確認走勢。

　　但在 2022 年 6 月 16 日，出現一根代表有賣壓的超長上影線黑 K 棒，當日同時出現超大成交量，當然我們不能以一根 K 棒就判斷股價不再續漲，但從後面出現實體長黑 K 棒下跌、甚至跌破月線，就可以確認 6 月 16 日的超大量長上影線黑 K 棒，極有可能就是主力出貨的訊號，此時如果手上有多單，隨時要準備出場。

2022 年 7 月 4 日

　　果然後續股價再上漲並沒有過前高，反而出現連續 3 根黑 K 棒下跌，在位置①更跌破前面轉折低點，這一跌破趨勢就變成頭頭低破前低，是空頭確認，

▼接下頁

非但如此，還把月線（20 日均線）、季線（60 日均線）全部跌破，代表空頭下跌力道強勁。

　　但仔細觀察位置①當天的月線方向是向上的，基於均線的慣性原理，方向向上的均線很容易再把股價往上拉抬，所以即使是空頭確認，也因為當天月線方向向上而空單不進場，等待下一個進場位置再操作。

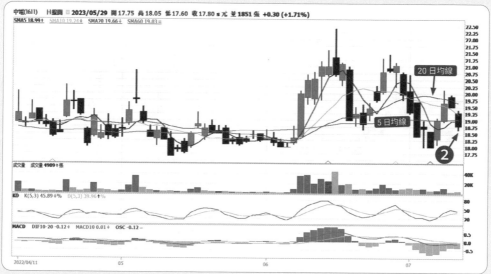

圖 **5-3-2**　走圖分析②

資料來源：XQ 全球贏家

2022 年 7 月 12 日

　　空頭確認後幾天果然出現連續 2 根長紅棒上漲，這是空頭反彈測月線（20 日均線），此時月線已向下形成壓力，所以股價反彈後遇月線容易再下跌。

　　位置②當天收一根黑 K 棒跌破 5 日均線，也把前日黑 K 低點跌破，是彈後空下跌的進場位置。再檢查月線方向是向下的，所以可以空單進場。依然要檢查雙指標：KD 的 K 值向下，MACD 則是綠柱延長，雙指標皆符合空單進場條件，所以在快收盤時空單進場。

記錄進場操作

☆進場成本價：18.8 元（當日收盤價）　　　　☆ 5% 停損價：19.7 元
☆ 10% 獲利目標價：16.9 元

　　這天雖有符合進場條件，但還是要特別留意前面轉折低點出現的連續 2 根長紅棒，紅 K 棒代表多方力道，不過只要多觀察即可，畢竟我們每次進場都有設立停損價，萬一走勢不如預期，停損出場即可，不會大賠。

圖 5-3-3

走圖分析③

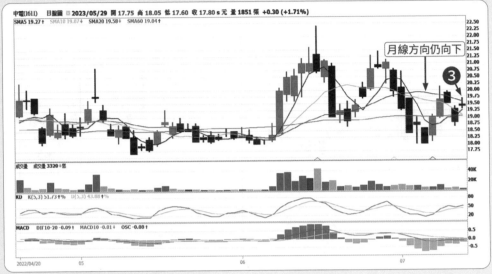

資料來源：XQ 全球贏家

2022 年 7 月 13 日

　　結果次日的位置③，當天開高盤向上，收盤站上了 5 日均線，表示當天趨勢變成底底高了，不再是空頭趨勢。依照走圖操作 SOP 應該要停損出場，但是之前提到，因為前一天才進場股價並沒有明顯方向出來，何況股價還在月線之下且月線方向向下，所以暫時先守停損價 19.7 元。

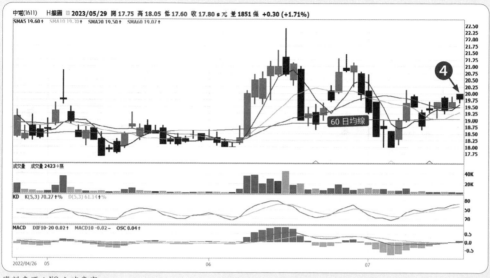

圖 **5-3-4** 走圖分析④

資料來源：XQ 全球贏家

2022 年 7 月 19 日

後續股價雖然不漲也不跌，但發現再度站上月線，為何走勢會如此不甘不脆？每天如此磨人心呢？原因是季線（60 日均線）方向仍向上，且股價也在季線之上。

一直到位置④當天收盤 19.8 元，站上了空單停損價 19.7 元，這時就要先停損出場了。

記錄出場操作

☆停損價：19.8 元（當日收盤價）　　　　　　☆ 獲利：−5.3%

這一筆單雖然沒賺到錢，但我們持續追蹤這檔股票，因為前面已經出現大量不漲的現象，接下來就是等待時機，所以持續鎖股追蹤。

圖 5-3-5　　　　　走圖分析⑤

資料來源：XQ 全球贏家

2022 年 7 月 21 日

前面在位置③（7 月 13 日）出現底底高，所以把 2 個低點連成一條上升切線，而底底高之後股價沒有再過前面高點 20.15 元，位置⑤出現一根向下跳空的黑 K 棒，收盤再度跌破 5 日均線，同時跌破上升切線，這麼一來就符合三角盤整跌破的空單進場條件。

同步觀察當日也跌破月線與季線，且月線方向向下。最後檢查雙指標：KD 死亡交叉，MACD 則是紅柱縮短，雙指標皆符合空單進場條件，所以在快收盤時空單進場。

記錄進場操作

☆ 進場成本價：19.05 元（當日收盤價）　　☆ 5% 停損價：20 元
☆ 10% 獲利目標價：17.1 元

圖 **5-3-6**　走圖分析⑥

實料來源：XQ 全球贏家

> **2022 年 7 月 29 日**

位置⑥收盤站上 5 日均線，但前幾日轉折低點 18.6 元，尚未到達我們設定的 10% 獲利目標價 17.1 元，所以空單不出場持續守停損。

圖 **5-3-7**　走圖分析⑦

資料來源：XQ 全球贏家

2022 年 8 月 2 日

　　這幾天雖然股價沒有跌，但是也沒有上漲，很明顯是遇到缺口的壓力了。一直到位置⑦出現一根實體長黑 K 棒，收盤跌破 4 條均線，是一個彈後空下跌的進場位置，觀察指標發現 KD 死亡交叉，也符合空單進場條件。

　　由於我們手上已經有一筆空單了，所以這個位置不再進場，空單續抱。

圖 5-3-8　走圖分析⑧

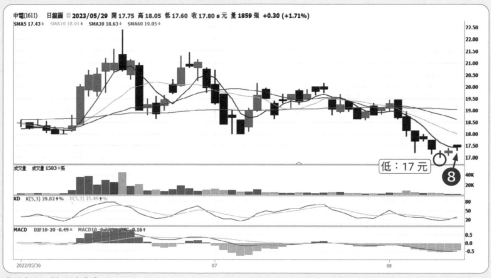

資料來源：XQ 全球贏家

2022 年 8 月 11 日

　　股價沿著 5 日均線下跌，到了位置⑧黑 K 收盤站上 5 日均線，一樣觀察前面轉折低點 17 元，已經超過獲利目標價 17.1 元了，所以這天空單出場獲利了結。

記錄出場操作 ....

☆停利價：17.45 元（當日收盤價）　　　　☆ 獲利：8.4%

....

圖 **5-3-9**　　　　　　走圖分析⑨～⑩

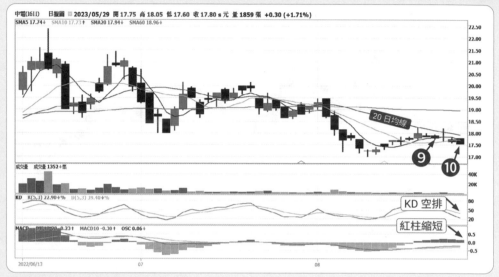

資料來源：XQ 全球贏家

2022 年 8 月 19 日

　　後續股價持續上漲是空頭反彈，我們一樣持續鎖股。觀察技術分析圖發現，這個反彈明顯遇到月線（20 日均線）有壓力，位置⑨收了一根黑 K 棒跌破 5 日均線，同時把前一天的低點跌破了，這是彈後下跌的確認，但是空單不能進場，因為當天實體棒跌幅只有 0.5%，還不到 2%，所以等待幾天再觀察。

2022 年 8 月 24 日

　　到了位置⑩當天收了一根實體黑 K 棒，有符合空單進場條件了，但還是要確認指標條件，KD 是空頭排列，MACD 則是紅柱縮短，雙指標皆符合條件，於是在快收盤時空單進場。

記錄進場操作 ....

☆進場成本價：17.55 元（當日收盤價）　　☆ 5% 停損價：18.4 元
☆ 10% 獲利目標價：15.8 元

....

圖 5-3-10　　　　　走圖分析⑪

資料來源：XQ 全球贏家

2022 年 8 月 25 日

　　次日位置⑪出現倒 T 紅 K 棒，收盤站上了 5 日均線，趨勢是底底高，我們持續守停損，空單不出場。

圖 5-3-11 走圖分析⑫

資料來源：XQ 全球贏家

2022 年 8 月 29 日

　　位置⑫出現十字變盤線再下跌，這裡出現了一個向下跳空缺口，同時把前面低點再度跌破，因此空頭續勢，空單續抱。

圖 **5-3-12**　走圖分析⑬

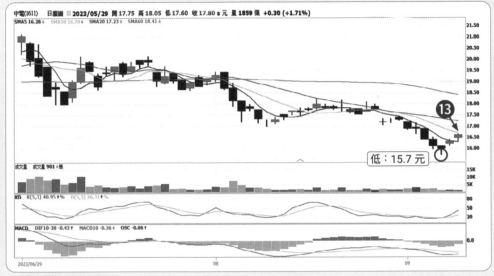

資料來源：XQ 全球贏家

2022 年 9 月 12 日

　　上次出現跳空缺口之後，下跌趨勢轉強，股價沿著 5 日均線往下跌。到了位置⑬出現連續 2 根小紅 K 棒上漲，股價站上 5 日均線。前面轉折低點 15.7 元，有低過空單獲利目標價 15.8 元，所以在這天獲利出場。

記錄出場操作

☆停利價：16.6 元（當天收盤價）　　　　　☆獲利：5.4%

圖 5-3-13

走圖分析⑭

資料來源：XQ 全球贏家

2022 年 9 月 14 日

　　位置⑭當天股價開很低，收盤卻收了一根有下影線的紅 K 棒，這是止跌訊號。雖然收盤價仍在 5 日均線之下，也有跌破前一天的低點，是一個彈後下跌的 K 棒，但由於是紅 K 棒所以空單不進場，再觀察後面幾天的走勢。

圖 **5-3-14** 走圖分析⑮

資料來源：XQ 全球贏家

2022 年 9 月 19 日

　　到了位置⑮終於出現一根實體黑 K 棒，收盤仍在 5 日均線之下，所以這根黑 K 棒的條件符合，可以空單進場。一樣要確認指標條件，KD 死亡交叉，MACD 則是紅柱轉綠柱，雙指標皆符合，於是在快收盤時空單進場。

記錄進場操作 ....

☆進場成本價：15.85 元（當日收盤價）　　　☆ 5% 停損價：16.6 元
☆ 10% 獲利目標價：14.3 元

圖 **5-3-15** 走圖分析⑯

資料來源：XQ 全球贏家

2022 年 9 月 22 日

　　空單進場之後，股價又出現不漲不跌的盤整了，位置⑯出現一根有點量的長紅棒，這時就得留意了，下方指標出現背離的狀況，低檔指標背離，趨勢容易打底。

　　不過空單還是不出場，因為當日還沒有觸及停損價，且上方的月線跟季線方向還是向下，所以空單續抱守停損。

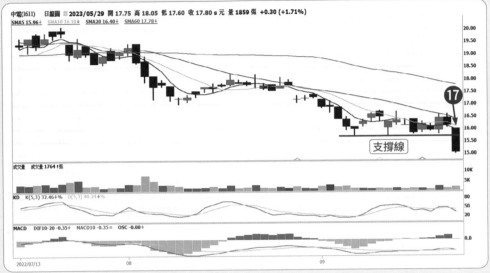

圖 5-3-16　走圖分析⑰

資料來源：XQ 全球贏家

2022 年 9 月 26 日

　　終於在位置⑰出現一根實體長黑 K 棒，再度跌破下方支撐線，多日來的盤整跌破，表示空方力道再度轉強，所以空單續抱。

圖 5-3-17　　　　　　　走圖分析⑱

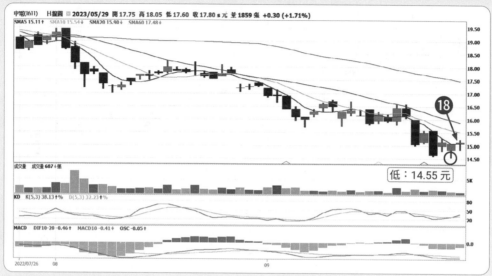

資料來源：XQ 全球贏家

2022 年 10 月 3 日

　　位置⑱出現一根十字變盤線，收盤站上 5 日均線，檢查前面轉折低點 14.55 元，並沒有到達這筆空單的 10% 獲利目標價 14.3 元，所以這天站上 5 日均線的空頭反彈，空單不出場，持續守停損。

圖 5-3-18 走圖分析⑲

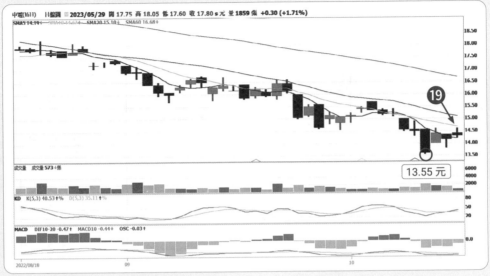

資料來源：XQ全球贏家

2022 年 10 月 18 日

空頭反彈後遇到月線有壓力，因此再下跌。直到位置⑲黑 K 棒收盤站上 5 日均線，而轉折低點 13.55 元，也低過空單的獲利目標價 14.3 元了，因此空單獲利出場。

記錄出場操作

☆停利價：14.3 元　　　　　　　　　　☆獲利：9.8%

由於均線持續 4 線空排，所以持續鎖股等待空單進場機會。

圖 **5-3-19**　走圖分析⑳

資料來源：XQ 全球贏家

2022 年 10 月 19 日

　　位置⑳又出現一根黑 K 棒收盤跌破 5 日均線，同時把前一日低點跌破，實體棒跌幅有 2.1%，符合空單進場的條件，是彈後空下跌的進場位置。同樣再次確認指標：KD 是多頭排列，且 K 值是向上的，MACD 則是綠柱縮短，這一次的進場條件中出現雙指標皆不符合，所以空單不能進場，等次日觀察。

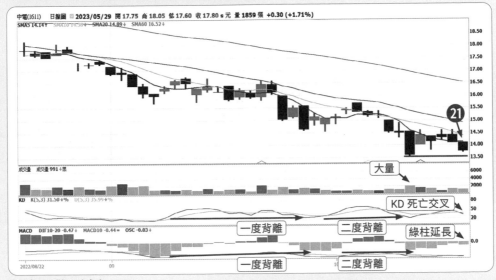

圖 5-3-20　走圖分析㉑

資料來源：XQ 全球贏家

2022 年 10 月 20 日

　　位置㉑再度收黑 K 棒，觀察雙指標：KD 空頭排列、MACD 綠柱延長，皆符合條件，於是在快收盤時空單進場。

記錄進場操作 ....

☆ 進場成本價：13.75 元（當日收盤價）　　　☆ 5% 停損價：14.4 元
☆ 10% 獲利目標價：12.4 元

....

　　這邊做空的進場位置要特別提醒大家，前面的大量長黑 K 棒是一根止跌 K 棒，我們要特別留意，因為後續走勢要跌破這根黑 K 棒的低點，空頭才能續勢。

　　同時，可以明顯看到已經出現雙指標低檔背離，而且還是二度背離，當指標出現二度背離，趨勢很容易打底，也就是低點會越來越高，所以在位置㉑的空單進場要嚴守停損。

圖 **5-3-21**　　　　　　　走圖分析㉒

中電(1611)　日暨圖　■ 2023/05/30 開 17.80 高 17.90 低 17.40 收 17.50 ↓元 量 837張 -0.30 (-1.69%)

SMA5 13.96↓　　SMA10 14.10↓　　SMA20 14.64↓　　SMA60 16.35↓

資料來源：XQ 全球贏家

> **2022 年 10 月 24 日**

　　位置㉒這天收盤出現倒 T 的紅 K 棒變盤線，收盤站上 5 日均線，趨勢變成底底高了，果然前面大量黑 K 棒的低點是有支撐的。如此一來，我們預測的狀況出現了，也就是低檔指標背離容易打底，所以這天收盤時空單停損出場。

> **記錄出場操作**

☆ 停損價：14 元　　　　　　　　　　☆ 獲利：－1.8%

圖 **5-3-22**　　　　　　　　　走圖分析㉓

資料來源：XQ 全球贏家

(2022 年 10 月 25 日)

　　位置㉓出現一根黑 K 棒，收盤再度跌破 5 日均線，趨勢是頭頭低，前日底底高，這天頭頭低，盤整確認，所以不操作。

圖 **5-3-23**　　走圖分析㉔

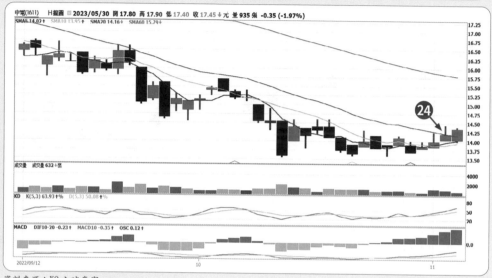

資料來源：XQ 全球贏家

2022 年 11 月 2 日

　　位置㉔出現紅 K 棒收盤站上前高，多頭確認。而我們的空單在這裡也停止
操作了，如果手上仍握有空單，位置㉔是最後的出場點。

📉 進場 5 次 總獲利逾 16%

最後整理一下這一次的操作紀錄，從位置①空頭確認空單進場，到位置㉔趨勢低檔轉變成多頭確認，這之間總共進場操作 5 次，報酬率依序是：① −5.3%、② 8.4%、③ 5.4%、④ 9.8%、⑤ −1.8%，操作期間從 2022 年 7 月 4 日到 2022 年 11 月 2 日共 4 個月，總報酬率為 16.5%。

檢討這次操作的績效，5 次進場中有 2 次是虧損，第 1 次進場（位置②）主要是因為 4 條均線尚處於均線糾結階段，但後續我們也觀察到均線開始空頭排列，空單就容易操作了。

再來是第 5 次進場（位置㉑），當時股價已經來到空頭趨勢的相對低檔位置，操作本來就容易停損，而我們早就有所準備了，因為圖形上觀察到低檔出現大量長黑 K 棒、指標背離等現象，所以即使停損了，損失幅度也非常小。

最後附上一張完整的走圖位置（圖 5-3-24），可以更清楚掌握一波空頭走勢的重要脈動。

另外也提供 2 個範例供讀者練習，一樣遮住答案先不看，看看自己能不能夠判斷關鍵位置的訊號（圖 5-3-25、圖 5-3-26），從而掌握空頭趨勢的漲跌規律。

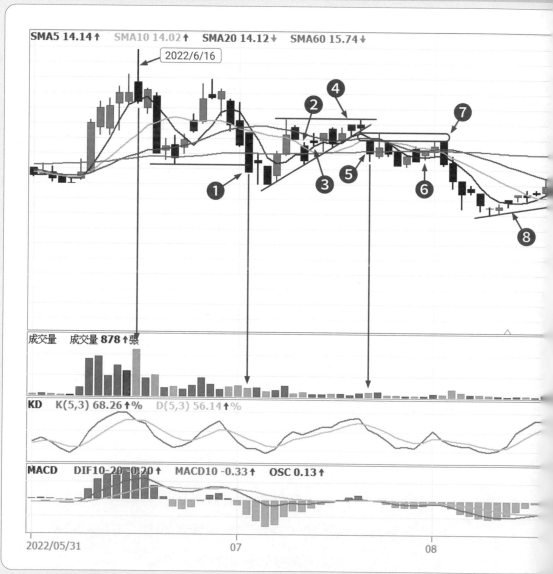

圖 5-3-24　走圖演練　中電（1611）：2022/7/4 ～ 2022/11/2

SMA5 14.14↑　SMA10 14.02↑　SMA20 14.12↓　SMA60 15.74↓

2022/6/16

成交量　成交量 878↑張

KD　K(5,3) 68.26↑%　D(5,3) 56.14↑%

MACD　DIF10-20 -0.20↑　MACD10 -0.33↑　OSC 0.13↑

2022/05/31　07　08

資料來源：XQ 全球贏家

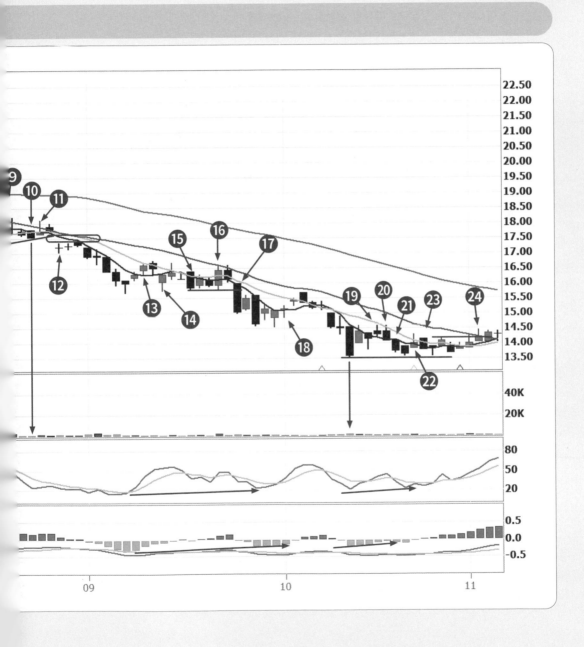

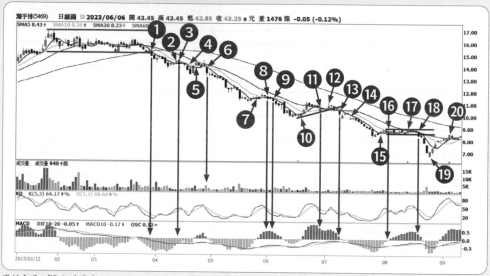

圖 5-3-25　空頭走圖練習題①瀚宇博（5469）

資料來源：XQ 全球贏家

瀚宇博（5469）走圖記錄表

① 空單進場	⑪ 空單進場
② 守停損	⑫ 空單停損出場
③ 彈後下跌是空單進場位置	⑬ 空單進場
④ 空單進場	⑭ 彈後下跌
⑤ 空單出場	⑮ 空單出場
⑥ 空單進場	⑯ 彈後空下跌
⑦ 空單出場	⑰ 空單停損出場
⑧ 彈後下跌是空單進場位置	⑱ 空單進場
⑨ 空單進場	⑲ 空單出場
⑩ 空單出場	⑳ 空頭趨勢轉弱
鎖股期間：2015/3/27 ～ 2015/9/3	
交易次數：7 次	

圖 5-3-26　空頭走圖練習題② ABC-KY（6598）

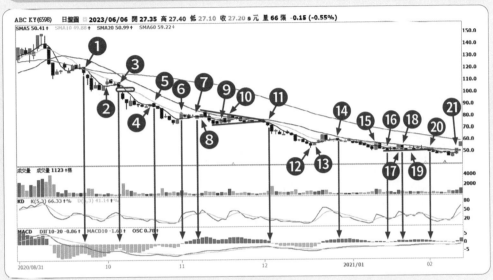

資料來源：XQ 全球贏家

ABC-KY（6598）走圖記錄表	
① 空頭確認進場	⑫ 準備停利
② 空單出場	⑬ 空單出場
③ 彈後空下跌	⑭ 彈後空下跌
④ 空單出場	⑮ 空單出場
⑤ 彈後空下跌	⑯ 彈後空下跌
⑥ 空單出場	⑰ 空單停損出場
⑦ 彈後空下跌	⑱ 彈後空下跌
⑧ 守停損	⑲ 守停損
⑨ 續守停損	⑳ 空單進場
⑩ 空單出場	㉑ 空單出場
⑪ 空單進場	
鎖股期間：2020/9/23 ～ 2021/2/19	
交易次數：8 次	

學會走圖 SOP 讓技術分析養我一輩子

作者：林穎

總編輯：張國蓮
副總編輯：李文瑜
責任編輯：劉彥辰
封面設計：謝仲青
美術設計：楊雅竹
封面攝影：張家禎

董事長：李岳能
發行：金尉股份有限公司
地址：新北市板橋區文化路一段 268 號 20 樓之 2
傳真：02-2258-5366
讀者信箱：moneyservice@cmoney.com.tw
網址：money.cmoney.tw
客服 Line@：@m22585366

製版印刷：緯峰印刷股份有限公司
總經銷：聯合發行股份有限公司

初版 1 刷：2023 年 6 月
初版 16 刷：2024 年 7 月

定價：450 元
版權所有 翻印必究
Printed in Taiwan

國家圖書館出版品預行編目（CIP）資料

學會走圖 SOP 讓技術分析養我一輩子 / 林穎著. -- 初版. -- 新北市：金尉股份有限公司, 2023.06
面；　公分
ISBN 978-626-97440-1-5（平裝）

1.CST: 股票投資 2.CST: 投資分析

563.53　　　　　　　　　112009060

Money錢

Money錢